スロヴェニア

旧ユーゴの優等生

小山洋司 著

EURASIA LIBRARY

ユーラシア文庫
8

目次

スロヴェニア——旧ユーゴの優等生——

スロヴェニア

はじめに

スロヴェニアという国をご存じだろうか。ひょっとしたら、テレビでスキーのジャンプ競技を見ているときに、有力選手の出身国として耳にしたことがあるかもしれない。スロヴェニアは一九一八年からクロアチアやセルビアなどと七十年以上も一緒にユーゴスラヴィアを構成したが、一九九一年に独立した国である。

最近、この国が話題にのぼったのは、米国の大統領選挙の時である。二〇一六年十一月の選挙で米国大統領となったドナルド・トランプ氏の妻のメラニアがこの国の出身だったからだ。メラニアは、社会主義時代の一九七〇年にスロヴェニアの南東部の都市ノヴォ・メスト（人口二万三千人。ルノーの子会社レヴォーズ社の自動車組み立て工場がある）で生まれたといわれる。父親は自動車会社のディーラーとして働き、母親は子供服の縫製会社で働いていた。父親は共産主義者でしかも無神論者であったので、メラニアが生まれたとき、カトリック世界では慣例となっている洗礼などの儀式はさせなかったそうである。メラニアが育ったのは人口五千人のセヴニッツァという町だが、トランプ氏が勝利すると、アメリカのファーストレディが育った町として一躍世界中の注目を浴びた。彼女は高校生のときに首都リュブリアナに移り、リュブリアナ大学でも一年間だけ学んだそうである。少女時代はファッション雑誌を愛読し、将来はファッション・デザイナーになることを夢見ていたが、十六歳のときにその美貌を認められ、初めてモデルを務めた。十八歳のとき、イタリアのミラノのファッション・モデル周旋会社と契約し、ミラノやパリで活躍した。一九九六年に彼女は活動の舞台をアメリカのニューヨークに移し、やがてアメリカの市民権も獲得した。そして、大富豪のトランプ氏に出会い、二〇〇五年に結婚することになったのである。

さて、スロヴェニアの話に戻ろう。この国は旧ユーゴの最北部に位置し、イタリア、オーストリア、ハンガリーと国境を接している。面積は二万平方キロメートルあまり、四国と同じぐらいの大きさだ。人口は二〇六万人で岐阜県とほぼ同じだ。国民の九〇・一パーセントはスロヴェニア人で、旧ユーゴの中では最も民族的同質性が高かった。

スロヴェニア

この国の歴史やスロヴェニア人の国民性を理解するには、まずその地理的な位置を知ることが大切だ。スロヴェニアの北はアルプス山脈でオーストリアと国境を接する。アルプス地方のクラニスカ・ゴーラではスキーのワールドカップの試合が開催される。その麓に風光明媚なブレッド湖とボヒン湖がある。山がちの地形だが、わずかにアドリア海に接し、地中海性気候の地域もある。アドリア海沿岸にポルトロージュやイゾラという保養地がある。内陸部のカルスト台地にあるポストイナの鍾乳洞は有名だ。スロヴェニアでよく聴かれる音楽はオーストリアのチロル地方の音楽に似ていて、彼らが踊るのはワルツやポルカである。

この百年間だけとって見ても、スロヴェニアの地位は大きく変化した。ハプスブルグ帝国の属領から、一九一八年にはユーゴスラヴィア（セルビア人、クロアチア人、スロヴェニア人王国を経て）として独立し、そして一九九一年には完全な独立国になった。また、資本主義国から第二次大戦後、社会主義国（とくに一九五〇年からは独自の自主管理社会主義の国）へと変貌し、そして一九八九年から九〇年の体制転換により再び資本主義の道を歩むことになった。

私はユーゴスラヴィアの自主管理社会主義に関心をもち、ユーゴ給費留学生として一九七八年十月から一九八〇年三月末まで一年五カ月間、連邦の首都（同時にセルビア共和国の首都でもある）のベオグラードに滞在していた。私がスロヴェニアを初めて訪問したのは、旧ユーゴ時代の一九七九年夏である。スロヴェニアの首都リュブリアナは、こじんまりしたきれいな都市だった。旧ユーゴでは南北間の格差が大きいことは文献で知っていた。一人あたりの所得で見ると、最も豊かなスロヴェニア共和国と最も貧しいコソボ自治州との格差は八対一もあった。約四十年間、「自主管理社会主義」という同じ制度の下にあったが、歴史や文化の影響から、実際にはそれぞれの地域で制度の運用が異なり、経済パフォーマンスは大きく異なっていた。

このことを強く実感したのは、現地調査をしたときのことである。私は自主管理の実態調査のため研究チームの一員として一九八四年と一九八六年にそれぞれ二カ月間、旧ユーゴを訪問した。第一回はユーゴ労働組合総同盟とカルデリ研究所の招待、第二回の調査は文部省科研費による海外学術調査である。調査で現地の人々の応対ぶりからも、人々の気質や行動様式の違いを実感することができた。最初の訪問では、われわれがリュブリアナに到着すると、対外文化庁の担当者が一人でホテルにやって来て、二週間の予定を説明し、われわれの食事代を現金で渡して、すぐ帰った。翌日から通訳の女性がやって来てタクシーで訪問先への案内と通訳をしてくれた。訪問先は一日二箇所で、企業、役所、大学等であった。応対する人はだいたい一人か二人で、事前に資料を用意して、説明し、質問にはてきぱき答え、われわれの求めに応じて追加の資料もすぐ提供してくれた。リュブリアナを離れる前日に、対外文化庁の幹部の一人がわれわれのためにお別れの昼食会を開いてくれた。

対照的であったのはマケドニアである。受け入れ機関であったマケドニア労働組合総同盟の担当者が連日われわれに付きっきりで案内し、訪問先でも熱烈大歓迎で大勢の人々が応対し、豪華な食事を振る舞ってくれたのはありがたかったのだが、調査の効率は非常に悪かった。セルビア人の友人に話したら、スロヴェニア人は冷たいと言い、マケドニア人のもてなし方を評価していた。しかし、研究者として私は、ドイツ人に似て時間にうるさく、クールだが勤勉なスロヴェニア人の方に興味を持つようになった。

スロヴェニアは長い間オーストリアの支配下にあったため、宗教はカトリックで、文化的にもポーランド、チェコ、スロヴァキア、ハンガリーと似ている面もあるが、違いも大きい。上記の中欧四ヵ国は一九八九年までソ連ブロックに組み込まれていたのに対して、旧ユーゴは一九四八年にソ連と対立し、ソ連ブロックから排除された（一九五五年に関係改善したが）。以来、軍事的・外交的には非同盟中立路線をとり、社会主義国でありながら、西側とも親密な関係を維持してきた。そのため、早くから西側の文化も自由に入ってきた。しかも、一九六五年の経済改革以後、合法的に西側諸国へ出稼ぎに行くことができるようになり、一九七〇年代前半にはその数は約七〇万人（当時のユーゴの人口は約二二〇〇万人）に達した。彼らは家族に送金し、ときどき帰国した。とくにスロヴェニアは旧ユーゴの一番北に位置し、オーストリアやイタリアに隣接しているため、西欧的な雰囲気が強い。留学中、一九七八年から七九年にかけての年末年始をスロヴェニア海岸の保養地で過ごすバスツアーに参加したときのことだが、イタリアのトリエステの土産物店で流暢なセルビア＝クロアチア語を話す若い店員を見かけた。尋ねたところ、彼はスロヴェニア人でスロヴェニアの自宅から毎日通勤しているとのことだった。そういうケースは珍しいことではないらしい。このようにスロヴェニアでは、早くから西側諸国との人の往来が活発であった。

一九九一年六月に独立を宣言した当時、人口二百万の小国がはたして経済的に自立していけるのだろうかという疑問が、私の脳裏をよぎった。しかし、実際には、この国は経済的に自立し、EU加盟を実現した。今では、この国はポスト社会主義諸国の中では最も豊かな国だ。一人当たりのGDPを見ると、チェコを上回っている（二〇一五年には、チェコの一五、五〇〇ユーロに対して、スロヴェニアは一八、七〇〇ユーロ）。また、この国はものづくりが得意である。すでに社会主義時代から西側諸国と合弁事業をしていただけでなく、直接投資も行っており、産業の競争力もそれなりに高い。この国は人口流出がきわめて少なく、むしろそれを上回る人々が他の国々から流入しており人口は少しずつ増加している。これは中東欧諸国の中では珍しい例であり、とても重要なことだ。なぜなら、他の旧社会主義諸国では、体制転換後、とりわけEU加盟後、豊かなEUの先進諸国への人口流出が続いているからである。スロヴェニアは二〇〇四年五月にEUに加盟し、二〇〇七年一月にいち早くユーロ圏入りを果たした。二〇〇八年一月から半年間スロヴェニアはEUの議長国の役割を見事にはたした。二〇〇八年九月のリーマン・ショックの影響をこうむり、スロヴェニア経済も厳しい状況が続いたが、二〇一四年から経済も持ち直している。

国家の分裂と経済体制の転換という大事件の中で、スロヴェニアという小さな国はどのようにして独立を達成し、EUに加盟したのだろうか。独立国家形成に向けたスロヴェニア民族の独自の歩みをたどっていくことにしよう。

1 歴 史

(1) スラヴ人の定住

スロヴェニアという国名の起源については二つの説がある。一つは、スラヴ民族の「スラヴ」から来たというものだ。もう一つは、Slovo《スロヴォ》(言語)から来たというものである。六世紀に、自分自身をのちにスロヴェンツィ(言葉の人々)と呼ぶことになるグループがアルプス東部に定住したと言われている。

国名の由来が何であれ、話す言語の共通性がスロヴェニア人の民族意識の一つの重要な要素である。彼らがやがて文字を獲得し、教育の普及とともに民衆の間で徐々に識字率が高まり、そして文学作品が生まれるなかで、民族意識の覚醒が生じる。小民族ゆえ千年以上も大国の支配下にあったが、自分をとりまく外的環境が変化するなかで独立国家形成の機会を捉えて、その悲願を実現していくことになる。

今日のスロヴェニア人の祖先であるスラヴ人は、六世紀の後半にパンノニア平原とアドリア海に至る地域および東アルプスの北部（現在のオーストリアの南部）に定住するようになった。スロヴェニア人はアジア系の民族アヴァールの支配を受けていたが、六二六年から六三〇年にかけて反乱を起こし、「カランターニア」という国家を樹立した。七四〇年頃、ハンガリー平原にいたアヴァール人の攻撃が強まり、自力では抵抗し切れなくなった。そこで、七四五年、カランターニア公国はバヴァリア（バイエルン）に支援を求め、その支配下に入った。同時に、キリスト教化が始まった。

七八八年にバヴァリアがフランク王国に降伏すると、スロヴェニア人は今度はフランク王国の支配下に入ることになった。自治は廃止され、フランクの社会・政治制度に緊密に組み込まれていった。

そのフランク王国が分裂すると、スロヴェニア人は東フランク王国の支配下に入った。東フランク王国は九五二年、スロヴェニア人が住む地域をカランターニア公国と定めた。その後、神聖ローマ帝国の一部になったカランターニア公国は、カリンティア、スティリア、カルニオーラの三公国に再編成された。三公国はボヘミアの王オタカル二世の支配を経て、一二七八年にハプスブルグ家の支配下に入った。

ハプスブルグ家のルドルフ一世（在位一二七三―一二九一年）は、スティリア、カリンティア、カルニオーラ、そしてヴェネツィア近くのフリウリにあった各公国の統治を、二人の息子に任せることにした。ルドルフ四世の時代、一三七四年にイストリアが領地に加えられ、一三八二年にはアドリア海を臨むトリエステも領地に加えられ、この港によりハプスブルグ帝国はアドリア海への出口を持つことになった。これ以来、この地域は一九一八年まで、「ハプスブルグ家の相続領地」となった。

十三世紀から十五世紀にかけて、次第にハプス

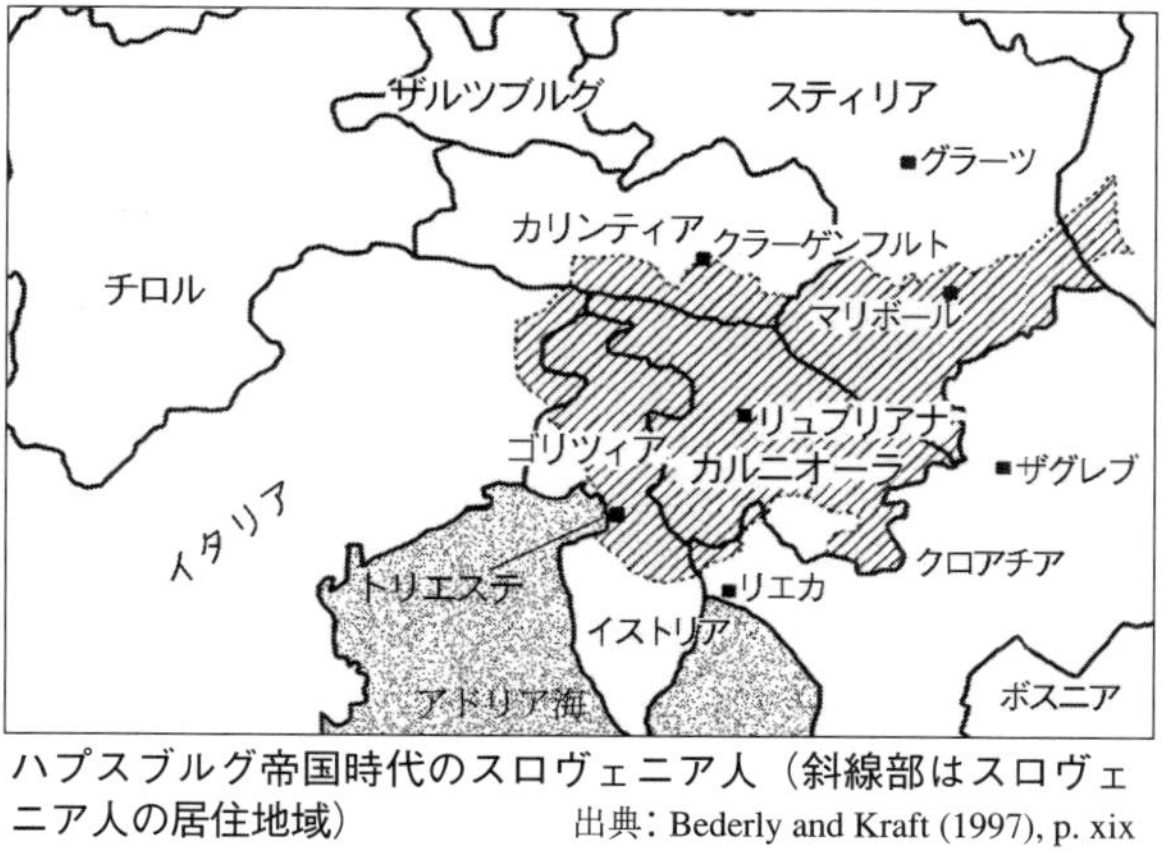

ハプスブルグ帝国時代のスロヴェニア人（斜線部はスロヴェニア人の居住地域）
出典：Bederly and Kraft (1997), p. xix

ブルグ家の封建制が確立していったが、カリンティア公の就任の独特な儀式が一四一四年まで行われたことを考えると、それまではある程度の独自性が認められていたようである。『世界地理大百科事典』第六巻ヨーロッパ編は次のように書いている。「今日のスロヴェニア人の祖先は、農民指導者および兵士の「選挙人」集団を通じて自分たちの支配者に権力を委任するという独自の政治形態を発展させた。〔中略〕スロヴェニア人は昔からのスラヴの平等主義的慣習に基づく儀式を通じ、人民の『選挙人』が下から上へと行う権限委譲の表現として、カリンティア公爵の就任に大きな誇りをもっていた。集まったすべての人々はスロヴェニア語の賛美歌（『天と地を創造した全能の神に栄光と賛美を、われらとわが土地に、またわれらが願う公爵と主人を与えられんことを』）を詠唱した。この儀式は、いくらか封建的な要素をつけ加えながら七百年間も続けられ、一四一四年の最後の儀式までスロヴェニア語で行われた。〔中略〕トマス・ジェファソンが所有していたボダンの Republic（『共和国』）という書物には、カリンティアの就任式の個所にジェファソン自身のイニシャルが書き込まれており、これはアメリカの独立宣言の起草者にとっても概念的影響を与えたこと示している」。

中世から近代にかけて教会は大きな政治的力を持ち、その領地は非常に大きかった。その中で「持てる者」（ドイツ人）と「持たざる者」（スロヴェニア人）に分裂した社会が生み出された。しかも、この社会は、貴族や都市の市民層と、農奴身分にされたスロヴェニア人の農民からなっていた。スロヴェニア人は本来の平等主義的「自由人」の権利を剥奪され、経済的、社会的、政治的に苛酷な支配を受けたのである。行政ではドイツ語が使われ、スロヴェニア語は農民の話す言葉であった。

(2) オスマン・トルコの勢力拡大と宗教改革

十六世紀前半、ヨーロッパは二つの大きな問題に直面していた。一つはオスマン・トルコからの国土を守らなければならなかったことである。オスマン・トルコは十四世紀にバルカン半島に進出し、一四五三年には、ビザンツ帝国の首都コンスタンティノープルを陥落させた。一五二六年にはモハチの戦いでハンガリーに勝利し、その後約一五〇年間この国を支配下に置いた。その間、ハンガリー王室はプレスブルグ（現在のスロヴァキアの首都ブラティスラヴァ）に避難することを余儀なくされた。一五二九年にオスマン軍はウィーン近郊に進軍した。

封建領主はトルコに対する戦いを支持し、要塞を建設した。だが、その付けは重い徴税となってスロヴェニアの農民を苦しめた。そのせいで、スロヴェニアの農民は、クロアチアの農民と共にたびたび反乱を起こしたのである。

もう一つの問題は、マルチン・ルターが一五一七年に始めた宗教改革である。一五二〇年代の終わりにはプロテスタントの波がこの地まで押し寄せ、スロヴェニア人司祭プリモジュ・トルーバル（一五〇八ー一五八六）はプロテスタントに改宗した。これは、スロヴェニアの民族的自覚を促す重要なきっかけとなった。なぜなら、彼は教理問答集（カテキズム）をスロヴェニア語に翻訳し、スロヴェニア語の賛美歌を作り、そしてスロヴェニア語の基本的な文法書を出版したからである。これらが、その後十九世紀にスロヴェニア人の民族的自覚のよりどころになったのである。

教理問答集《カテキズム》はドイツ語、ラテン語、キリル文字でも発行され、近隣の国々にも広まっていった。十六世紀にプロテスタント信者の数が増加し、とくに小領主の領地内や都市の中産階級の間で広がりを見せた。だが、ハプスブルグ家の支配地域では、「領主の宗教が臣下の宗教」という原則の下に、徹底的な「反宗教改革」が行われた。スロヴェニア語で書かれたプロテスタントの書物の大部分は焼かれてしまった。結局、十六世紀末、スロヴェニアではカトリック側が勝利をおさめることとなった。こうして、プロテスタントの影響も残ったものの、スロヴェニア人はカトリック世界で主にドイツ文化、部分的にはイタリア文化の影響を受けて生活することになったのである。

十七世紀は比較的穏やかな期間だった。上流および中流社会の公用語はドイツ語だったが、一般民衆はスロヴェニア語を話していた。十八世紀、マリア・テレジア（在位一七四一–一八〇年）の時代には教育制度改革が実施された。これは国民国家の形成にとって重要な出来事だった。一七七〇年、政府は教育計画に基づいて国民全体が読み書きや農業・手工業・軍隊で役に立つ算術を身につけるよう命じた。この義務教育令は民衆の話す言葉で発せられ、これ以後、小学校ではスロヴェニア語で授業が行われるようになった。

「反宗教改革」運動の後、事実上消滅していたスロヴェニア語での印刷物の出版も再開されるようになった。「啓蒙的絶対主義の賛美者」のヨーゼフ二世（在位一七八〇–一七九〇年）は、一七八一年に有名な「寛容令」を公布し、すべての宗派を自由にした。彼は農奴解放令も公布し、封建的義務の大部分を公式に終わらせたのだが、本格的な解放は一八四八年の三月革命まで待たなければならなかった。個人の義務（結婚の自由、遺言の権利など）が緩和され、これによって、スロヴェニア人が中産階級になる道が開かれ、そのことが後の民族運動につながっていく。

同時に、皇帝ヨーゼフ二世は中央集権化を進めた。ドイツ語が行政機関で使われる唯一の言葉とされ、学校でもドイツ語が優先されたため、当時、スロヴェニア語の教育の発展には限界があった。

(3) 民族意識の覚醒

十八世紀の終わりごろ、ヨーロッパでは言語ナショナリズムが高まった。ロマン主義運動の中心人物であるドイツの歴史哲学者ヨハン・ゴットフリート・ヘルダー（一七四四－一八〇三）は諸国民、とりわけスラヴ人たちに自分たちの言葉やフォークロアを研究し、発展させるよう呼びかけた。スロヴェニア人たちもこの呼びかけに敏感に反応し、一部の知識人たちは「民衆の言葉で、民衆のために」書く運動を始めた。言語学者のイェルネイ・コピタル（一七五八－一八一九）は、スロヴェニア語の文章語をまとめ、カルニオーラ方言をベースに、ドイツ語の要素を排除した学術的なスロヴェニア語文法書を一八〇八年に出版した。彼は、セルビアの言語学者ヴーク・カラジッチ（一七八七－一八六四）やクロアチアの言語学者リューデヴィド・ガイ（一八〇九－七二）とも協力した。

民族的自覚の感情はフランス革命によって広められた自由主義的な傾向に共鳴した。フランス革命の思想的影響を受けたヴァレンティン・ヴォードニク（一七五八－一八一九）は一七九七年にスロヴェニア初の新聞を発行した。

オーストリアと敵対したナポレオンは、スロヴェニア人が住む地域に四回軍隊を派遣し（一七九七年、一八〇〇年、一八〇五年、一八〇九年）、フランス帝国に編入し、「イリリア州」と名付けた。この地に「ナポレオン法典」が導入され、郵便制度が創設され、商業が奨励された。だが、ナポレオンは、現地の慣習を尊重すると約束している。実際、学校でのスロヴェニア語の使用が奨励され、地元の人間が役人に登用され、スロヴェニア語が公文書でも使用されるようになったのである。

一八一二年にナポレオンのヨーロッパ支配は絶頂を迎えた。だが、彼はロシアに遠征して敗北し、一八一三年にライプツィヒでの諸国民戦争で大敗北を喫して、その体制は崩壊した。ハプスブルグ家は一八一三年に「イリリア州」を奪回し、スロヴェニア領の直接支配を再び確立した。ハプスブルグ家の支配は一八一五年のウィーン会議によって再確認された。にもかかわらず、一度高まったスロヴェニア人の民族意識は衰えることはなかった。一八四〇年代にスロヴェニア人、クロアチア人、セルビア人の知識人の間で南スラヴ統一主義の動きが生じたが、この段階ではまだ政治的な運動にはなっていなかった。そこで中心になったのは前述の言語学者、クロアチアのリューデヴィド・ガイのほかに作家や詩人である。とくにスロヴェニア最大の詩人フランツェ・プレシェレン（一八〇〇－一八四九）は、自分たちの言語がもつ独自性を維持することに情熱を燃やし、彼の作品はスロヴェニア人を鼓舞した。

市民の基本的権利を求めて民衆が決起した一八四八年の三月革命は「ヨーロッパ全体を揺り動かすとともに、同じくハプスブルグ帝国の内部でも深い政治的変化をおこした」

(カステラン、ベルナール)。このときようやく農民たちが領主に負っていた様々な義務が廃止された。スロヴェニアの知識人たちは「統一スロヴェニア」の政治綱領を発表した。その要点は、①すべてのスロヴェニア人を単一の行政単位に統一する、この統一は言語と文化のみを基礎に実現すべきだ、②行政機構や学校ではスロヴェニア語をドイツ語と対等に扱うというもので、言語に関する要求であった。

ハンガリーではコッシュートが立憲主義的な国家形態とハプスブルグ帝国内の民族の自由を求めて起ちあがり、多くの国民の支持を得、さらに他の民族にも影響を与えた。最終的にはこの運動は軍事的に鎮圧されたものの、ハンガリー国民の間には大きな不満が残った。このため、ハプスブルグ家は何らかの譲歩が必要だと考え始めていた。

他方、多くの領邦国家に分かれていたドイツ語圏で国家統一の動きが進んだが、大ドイツ主義をとるオーストリアと小ドイツ主義をとるプロイセンとの間で対立が高まり、ついに一八六六年に戦争に至った。オーストリアが敗北した結果、プロイセン主導でドイツが統一されることとなり、オーストリアはその枠外に取り残されてしまった。

揺らいだ体制を立て直すために、ハプスブルグ帝国内で有力な国であったハンガリーの協力を得ることが必要となり、一八六七年にオーストリア・ハンガリー二重帝国が結成されることになった。これはアウスグライヒ（妥協）と呼ばれるもので、その結果、オーストリアではドイツ化の動きが進むと共にハンガリーでマジャール化が進み、いずれの国でも国内においてスラヴ系の諸民族の反発を招くこととなった。

スロヴェニア人の民族意識には、二つの問題がつきまとっている。第一は、「規模のコンプレックス」である。十九世紀のスロヴェニア人口は約百万人であり、独立国家を形成するには小さすぎた。そのことが、まったく異なる政治的伝統にもかかわらず、のちに、スロヴェニア人を他の南スラヴ人（セルビア人とクロアチア人）との同盟の形成に駆り立てたといわれる。第二は、ハプスブルグへの強い忠誠心である。知識人の中にはスロヴェニア人の地位向上をめざすものが多くいたにもかかわらず、ハプスブルグ帝国を超えた独立国家など考える者はいなかった。むしろ、スロヴェニア人はハプスブルグ帝国内で自分たちの将来を思い描いていた。

一八五三年に「スロヴェンスカ・マーティッツァ」（スロヴェニア文芸協会）が設立された。そこで出てきたのが、「三重帝国」のアイデアである。それはハプスブルグ帝国内で、スラヴ系民族（スロヴェニアとクロアチア）をオーストリアやハンガリーと並ぶ第三の国家とするというものだった。

一八七〇年、スロヴェニアの中心であるリュブリアナで全南スラヴ人の共通の綱領を作成するための会議が開催され、宣言が発表された。「三重帝国」実現をめざして、スロヴェニアの政治指導者はクロアチア人との提携を目指すようになった。ところが、クロアチアには別の事情があった。当時のクロアチアは現在とは異なり、アドリア海沿岸地域のダルマチアとそれ以外のクロアチアという具合に、二つの部分に分かれていた。クロアチアは二重帝国内部のハンガリーの統治下にあったが、同じクロアチア人が住むダルマチアはオーストリアの統治下にあり、クロアチア人の独立国家を形成するには二重帝国の再編が必要となる。ダルマチアの世論をまとめるためには、領内に住むセルビア人の協力を得る必要があった。同じ南スラヴ人で、類似した言語を持つとはいえ、セルビア人は宗教的には正教であり、両民族の関係は必ずしもよいとは言えなかった。しかし、ダルマチアのクロアチア人が主導してクロアチアに住むクロアチア人をセルビア人との協調の方向へ引っ張り、一九〇五年十二月の「クロアチア人・セルビア人連合」を生み出すこととなった。

(4) 第一次世界大戦と第一のユーゴスラヴィア

十九世紀になるとオスマン・トルコの衰退が露わになった。一八七六年、露土戦争でのトルコの敗北を受けてベルリン会議が開催され、そこでセルビアの独立が国際的に承認される。同時に、オーストリアは一八七九年にボスニア・ヘルツェゴヴィナ（以下、ボスニア）の一時的軍事占領の委任を列強から獲得した。

一九〇八年、オーストリアはボスニアを正式に自国領に編入したが、これがセルビア人の反発を招いた。ボスニアで失地回復運動を展開していたセルビア人を牽制するために、一九一四年六月、ウィーンは帝国陸軍の大演習をボスニアの国境地帯で実施することにした。それに合わせてボスニアを訪問したオーストリアの帝位継承者フランツ・フェルディナンド大公夫妻が六月二八日にサラエボでセルビア人青年によって暗殺された。よく知られているように、この事件が引き金となって第一次世界大戦が勃発した。

この事件以後、カトリック教徒のスロヴェニア人のセルビアに対する民族的敵意やウィーンの政治状況を反映して、スロヴェニアの新聞の紙面には「セルビア人を木に吊るせ」

という言葉が踊り、多くのスロヴェニア人が徴兵に応じてハプスブルグ帝国のために戦った。このように、大戦勃発当初は、同じ南スラヴ人でも正教徒のセルビアとの統一国家という枠組みは、ほとんど誰も考えていなかった。

スロヴェニア人に大きな衝撃を与えたのは、一九一五年四月二六日に協商国（英、仏、露）側とイタリアが結んだロンドン協定であった。イタリアは中央同盟の当事者であったにもかかわらず、その義務を果たさず、それまで中立を保っていた。協商国はイタリアを自分の側に引き入れるために、イタリアにイストリア半島とダルマチアの広大な領土を約束した。このことは、そこに住むスロヴェニア人たちにとって直接の脅威となった。

ウィーンの帝国議会では、スロヴェニア人とクロアチア人の議員たちが二重帝国の枠内で自分たちの政治単位を認めるよう憲法改正を要求することで合意した。このとき活躍したのが、スロヴェニア・カトリック党を率いたアントン・コロシェッツ神父（後に大司教。一八七二―一九四〇）であった。彼はオーストリア・ハンガリー二重帝国に忠実な人物であった。

一九一七年、コロシェッツを盟主とする連合組織が結成された。発表された「五月三十日宣言」は、ハプスブルグ家の王権の下で、民族自決の原則に基づき、二重帝国内に住むスロヴェニア人とクロアチア人、そしてセルビア人すべてを政治的に統一された集団として認め、自治権を与えることを求めていた。他方、セルビア王国亡命政府と、クロアチア人の亡命組織であるロンドン委員会との間で協議が進行中であった。その後、両者の間でコルフ宣言（一九一七年七月）が交わされ、そのなかで、統一国家樹立を目指す対象に初めてスロヴェニア人が書き加えられたのである。当時、スロヴェニア人の指導者たちは大いに動揺したという。スロヴェニア人はそれまでその構想には積極的に関わってこなかったからである。

一九一八年八月以降、ハプスブルグ帝国は急速に崩壊し始めていた。同年十月一一日に皇帝カール一世は宣言を発表し、オーストリアは自由な諸国民の連邦という形で再構成すると約束したが、これは遅きに失した。南スラヴ三民族による国家形成はそんな非常にあわただしい雰囲気の下で進められた。十月二八日にまずハプスブルグ南スラヴ人民族評議会（議長はコロシェッツ）がクロアチアのザグレブで、「スロヴェニア人、クロアチア人、セルビア人の国家」の樹立を宣言した（なお、スラヴの言語では南はユーク Jug と言うので、

「ユーゴスラヴィア」は南スラヴ人の国家を意味する）。同時に、この民族評議会は、セルビア王国と統一国家形成のための交渉を行った。というのは、まだ第一次世界大戦は終わっておらず、ハプスブルグ帝国の弱体化に乗じてイタリア軍が前進を始めたので、それに対抗するには、すでに独立していたセルビアの軍事力が必要であったからである。

コロシェッツが十一月六日から九日にかけてセルビア政府代表とロンドンのユーゴスラヴィア委員会と交渉しているとき、イタリア軍はロンドン秘密条約で指定された境界線を越えてリュブリアナに向かって進軍し、十一月十二日にはクロアチアのリエカ（イタリア名はフィウメ）を占領した。スロヴェニアとクロアチアは領土を守るために、すぐにセルビアとの連合に入ることがきわめて重要であった。こうして、前述の「スロヴェニア人、クロアチア人、セルビア人の国家」は、セルビア王国に加わることになり、「セルビア人、クロアチア人、スロヴェニア人王国」（第一のユーゴ）の建国が十二月一日に宣言された。こうして、大急ぎで建国が決まったが、憲法など重要なことは何も決まっていなかった。宣言から三年近くたって、ようやく一九二一年六月二八日にセルビア選出の議員が多数を占める議会で憲法が可決された。セルビア王国の憲法をモデルにして制定されたこのヴィ

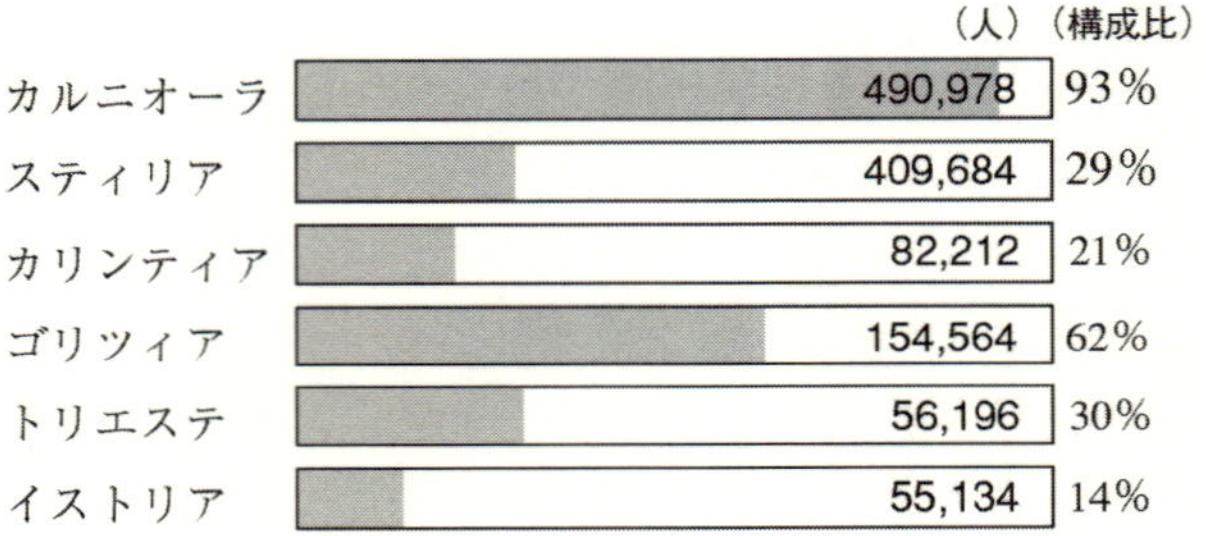

オーストリア支配下のスロヴェニア人

ドヴダン憲法（この日は聖ヴィドの日なので、そのように呼ばれる）は、連邦制を希望していたスロヴェニア人やクロアチア人の意思に反し、中央集権的国家体制をデザインしたものであった。

オーストリアの支配地域に住むスロヴェニア人の人口は、一九一〇年の時点で上の表のようであったと推定されている。このほかに、ハンガリーに一〇万二千人、イタリアに三万五千人、アメリカに十万人、その他の国々に二万人。

カリンティア地方（オーストリアではケールンテン州と呼ぶ）では、一九二〇年に住民投票が実施された。ある地域では、住民の多くが新設の南スラヴの国家を支持したのだが、大部分のスロヴェニア人は自分の経済的市場を維持することを重視し、オーストリアの支配を選んだ。そしてゴリツィアを含むフリウリおよびトリエステのスロヴェニア人はイタリアに取り残された。その結果、当時約一四〇万人（アメリカに移住したものを除く）のスロヴェニア人のうち約三〇万人は外国（オーストリア、イタリア、ハンガリー）に取り残されることになった。

コロシェッツは、ベオグラードの王国政府に反発しつつも協力した。彼は王国政府の副首相を務めたり、辞任して野に下ったりを繰り返していたが、一九二八年の緊急事態（クロアチア農民党の議員が議会内でモンテネグロの議員によって銃殺された事件の後）には、求めに応じて首相も務めた。

（5）第二次世界大戦と独自の解放闘争

スロヴェニアの政治学者アントン・ベブレルによれば、バルカンのスラヴ人たちとの連合によってスロヴェニア人はまったく異なる環境におかれた。バルカンの文化的背景と東方正教会を反映したセルビアの官僚制との共存にスロヴェニア人は違和感を持ち、苛立ちを感じた。

スロヴェニア人と南スラヴ人との関係について、スロヴェニアの有力な作家I・ツァンカルは一九一三年に次のように語った。「われわれは血では兄弟であり、言語ではいとこであるが、文化では、それは数世紀もの別々の育ち方の果実であるが、わが高地カルニオーラの農民がチロル人と親密であるほどには、お互いに親密ではない」。

第一のユーゴは後に民族対立（とくにクロアチア人とセルビア人）によって完全な混乱に陥り、ナチス・ドイツのような外国による侵略を許してしまった。しかし、バルカンのスラヴ人たちと連合したおかげで、スロヴェニア人はイタリアの民族主義とファシズムおよびドイツやオーストリアのナチズムによる攻撃から自民族の存続を守ることができたと言えよう。

スロヴェニアの側から見ると、解放戦争は次のように展開した。ナチス・ドイツが一九四一年四月六日にユーゴ侵略を開始すると、スロヴェニアはすぐにドイツ軍、イタリア軍、ハンガリー軍によって分割占領された。ゴウとカーマイケルによると、スロヴェニアの共産主義者たちと彼らによるパルチザン軍（ゲリラ部隊）は、ユーゴの他の地域ではチトー指揮下の共産党のパルチザン軍と連携したが、スロヴェニア人たちは戦争の終わり頃までチトーのパルチザン軍とは合体しなかった。スロヴェニアでは一九三九年に解散した人民戦線の方針に基づいて、早くも一九四一年四月二七日にパルチザン軍が結成された。これは当初、反帝国主義戦線として設立されたが、六月二二日にドイツがソ連侵攻を開始した後、解放戦線（ＯＦ）と名称を変更した。ドイツがユーゴに侵攻するとチトーは国民に抵抗を呼びかけたものの、すぐには立ち上がらず、ナチス・ドイツがソ連に侵攻して、ようやくチトーのパルチザン部隊が本格的に活動したのである。スロヴェニアの解放戦線はエドヴァルド・カルデリやボリス・キドリッチなどのスロヴェニアの共産主義者たちによって率いられたが、キリスト教社会主義運動（ＫＳＧ）や愛国的で自由主義的な考えをもつ青年の体育文化組織ソコルならびに教会のメンバーやその他の組織の人々も含んでいた。解放戦線はかなり幅広い基盤をもつ組織で、社会の大部分を含み、とくに戦前にイタリアまたはドイツの支配下にあった地域で大衆的支持を得た。だが、解放戦線のこの幅広い性格はチトーやその他のユーゴ共産党指導者によって批判されたという。そのためか、一九四二年にボスニアのビハチで開催された反ファシスト・ユーゴ国民解放評議会（ＡＶＮＯＪ）第一回大会にはスロヴェニアの代議員は参加しなかった。スロヴェニアのパルチザンの独自性はほかでも見られた。当初、スロヴェニアのパルチザンは、チトーのパルチザンが用いる「友愛と団結」というスローガンよりもむしろ「友愛と平和」というスローガンを用いた。一九四三年にボスニアのヤイツェで開催されたユーゴ国民解放評議会第二回大会でも、スロヴェニアのパルチザン部隊はユーゴスラヴィアの運動の外側にいた。

この戦争は三つ巴の戦争であった。まず第一に、侵略者のドイツ、イタリアに対するパルチザンの戦争であった。第二に、ドイツやイタリアに協力したクロアチアのファシストであるウスタシャに対する戦いであった。第三に、セルビアのナチスに抵抗する軍人組織チェトニクは、ロンドンの亡命政府に従うドラージャ・ミハイロヴィチ大佐が指揮する勢力（これに協力したスロヴェニアの軍人もいた）であり、当初は戦力を温存しながらドイツ軍と戦っていたが、やがてパルチザンに対する攻撃に力を入れるようになったので、パルチザンはこれとも戦わなければならなかった。一九四三年九月、枢軸国の一角のイタリアは降伏した。それによって北部戦線でイタリアと戦っていた解放戦線の立場が強くなり、一九四四年五月から六月にかけて、スロヴェニアのパルチザンはユーゴのパルチザン運動に統合された。

チトーは武器・弾薬、医薬品を求めて再三モスクワに支援を要請したが、スターリンは西側との関係を気遣い、支援には消極的であった。最初に本格的な支援をしたのは連合国の一員であるイギリスであった。チャーチル首相は、対ナチス戦争においてユーゴのパルチザンが大きな貢献を果たしたことを認め、一九四四年に支援を開始した。戦後の新政権樹立と国際的承認を見越して、チトーもロンドン亡命政権のシュバシッチ首相と協定を結んだ。

解放戦争の最終盤の一九四四年秋にソ連軍が南から入り、ドイツ軍の掃討作戦を行ったが、それを別とすれば、ユーゴのパルチザンは大きな犠牲を払いながらほぼ独力で国を解放した。この点は、主としてソ連の軍事力によって解放され、それゆえに戦後もソ連の大きな影響力の下に置かれた他の東欧諸国の場合とは大いに異なる。ユーゴでは一九四五年三月にチトーを首班とし、亡命政権の代表三名を含む臨時政府が発足した。

スロヴェニアの解放戦線は北部戦線でドイツ軍を相手に戦い、それに勝利した勢いでイタリアのトリエステに攻勢をかけ、イギリス軍よりも早く到着した。しかし、連合軍司令官から撤退するよう最後通牒を受け、イギリス軍との間で緊張状態が生じ、最終的にモスクワの支持が得られず、解放戦線は撤退せざるを得なかった。戦後、「トリエステ自由地域」として国連の保護下に置かれたトリエステおよび北イストリアの一部はA地区（トリエステ市）とB地区（南側の地域）に分けられ、国際的な管理下に置かれたが、一九五四年、A地区はイタリアに、B地区はユーゴに帰属することが正式に決まった。

第二次世界大戦終了後、一九四五年十一月十一日の選挙で共産党が指導する人民戦線が全投票の九〇パーセントを獲得した。十一月二九日に召集された憲法制定会議では、君主制の廃止とユーゴスラヴィア連邦人民共和国の樹立が宣言された。こうして、ユーゴスラヴィアは社会主義国家（第二のユーゴ）として再建された。

2　経済の発展

(1) ハプスブルグ帝国時代

いまではスロヴェニアは工業が発達した豊かな国であり、農業のウェートは非常に小さい。だが、オーストリアの支配下にあった時代、スロヴェニアは農業地域であった。山岳地で起伏が多いという耕作条件のため、スロヴェニアでは自作農の土地は最初から小さかった。封建制が廃止された一八四八年以降、農民たちはかつての地主から土地を買わねばならなかった。しかし、そのためには新たに設立された貯蓄銀行や抵当銀行から借金するしかなかった。

加えて国境を防衛する軍事費をまかなうために、オーストリア＝ハンガリー帝国は農民たちに重税を課した。また、相続人は自分の兄弟姉妹に公正な割合で相続財産を金銭で払うか、もしくは農場を均等に分配しなければならなかった。生まれ故郷を後にして、新大陸（アメリカ）に渡る者も多かった。このような状況では、小農業経営者たちは富を蓄えることができず、経営効率の改善もままならなかった。

農業で生計を立てていたスロヴェニア人の割合は十九世紀後半から低下していった。一八五七年にスロヴェニア人の八三パーセントが農民であったが、一九一〇年には六七パーセント、一九三一年には五八・八パーセント、一九四八年には四八・九パーセントへと低下していった。

工業化はようやく十九世紀後半に始まり、一八八〇年代に本格化した。二十世紀の初め、工場労働者の大多数は石炭業と鉄鋼業で働いていた。製材と建築資材、建設業がそれに続いた。化学工業、食品工業および電気工業も重要であったが、その成長はとりたてて目立ったものではなかった。後に発展することになる繊維産業、とくに紡績と織物の発展の基盤が整備されたのは、この時期である。この段階では、衣服の大半は手工業によってつくられていた。一八五二年に一一六企業が活動し、六六〇〇人の従業員が雇用されていたが、一九一二年には四四一企業が活動し、三六二〇〇人の従業員が雇用されるようになった。

二十世紀初めの工業の発展は一面では農業の発展を促した。農具や農業機械の価格が低下し、多くの農民がそれらを利用できるようになったからだ。土地は集約的に耕作され、比較的大きな土地所有者は、ますます多くの肥料を用いるようになった。この時期の農業の生産性は、西ヨーロッパと比べるとまだまだ低かったものの、全体として上昇した。林業は、大土地所有者のもう一つの安定的な収入源であった。

十九世紀半ば頃、電化が始まった。まず初めに街灯に、そして次に都市の家庭や工場に電気が供給された。広範な電化が始まったのは第一次世界大戦後のことであった。

(2) 第一のユーゴスラヴィア

一九一八年にハプスブルグ帝国は崩壊し、スロヴェニアは独立し、クロアチア人やセルビア人と共に新しい国家を形成することになった。クリステンセンとヤクリッチによれば、企業の外国人所有者の多くは自分の名前をスロヴェニア風の名前に変え、新興ユーゴ国家における市民になった。彼らはこの新しい国家で二つの有利な条件を利用できた。第一に、戦後、農産物価格が再び下落したため、ますます多くの農民が工場で働かなければならなくなり、経営者は低賃金労働を利用することができた。オーストリア＝ハンガリー二重帝国の中では、スロヴェニアは相対的に発展の遅れた農村地域であり、グラーツやトリエステのような工業都市へ原材料や中間財を供給していた。だが、スロヴェニアが独立すると、その役割から切り離され、ユーゴ内では最も先進的な地域となり、今度は新興市場に完成品を供給する地位についた。しかも、スロヴェニアの工業は関税障壁によって保護されることになった。それが第二の利点であった。さらに、多くのドイツ人やオーストリア人が企業所有者、行政官および技師として働いていたおかげで、スロヴェニアはユーゴ国内の市場で優位にたてた。生粋のスロヴェニア人企業家も出現した。工場の数は一九一八年の二七五から一九三九年には倍近い五三二へと増加した。

しかし、一九一八年にハプスブルグ帝国が崩壊し、第一のユーゴが成立したとき、トリエステを失ったことは、スロヴェニアにとって痛手であった。この地には中心部にイタリア人が多く住むが、郊外に多くのスロヴェニア人が住んでおり、工業や商業の重要な都市であっただけでなく、貿易において大きな役割を果たしてきた港湾都市であったからである。スロヴェニアは代わりの港湾を建設する必要に迫られたが、これは第二次世界大戦終了後まで実現しなかった。

この時代に最も発達したのは織物工業だった。大部分の資本はチェコ人の投資によるものであった。第二次世界大戦以前にスロヴェニアの生産量はユーゴの織物生産総額の三七パーセントを占めるに至った。織物工業は、木材加工と冶金業についで三番目に重要な工業部門となった。このほか、食品工業および鉄鋼業内部の完成品製造部門も急速に成長した。

スロヴェニア経済全体で見ると、ユーゴの一部になったことでスロヴェニアは利益を得たが、農業は工業と比べるとそれほど利益を得ていない。スロヴェニア農業は伝統的な市場（オーストリアほか）へのアクセスが保護主義的政策によって阻止されたし、ユーゴ国内では、他の低開発地域の農産物とは価格面では太刀打ちできなかった。

（3）第二のユーゴスラヴィア

第二次世界大戦後、ユーゴはチトーの指導の下で、社会主義の連邦国家として再建された。当初、社会主義諸国の先輩格であるソ連を手本に計画経済の導入を試みたが、一九四八年六月、ユーゴはソ連と対立し、ソ連ブロックから追放された。それだけでなく、経済封鎖や軍事的な威嚇を受けるに至り、ユーゴの共産主義者たちはソ連型社会主義に深刻な疑問を抱くようになった。そして理論的な模索の中で見出した答えが労働者自主管理に基づく社会主義だった。一九五〇年六月には議会で労働者自主管理法が採択された。外交的には、東のソ連ブロックにも西側のブロックにも加盟せず、非同盟中立の立場をとることになった。農業政策も根本的に変化し、実施していたソ連のコルホーズ型集団農場作りも中止された。大規模な国営の農業コンビナートは残すものの、個人農経営が農業の基本とされ、全農地の約八五パーセントは個人農が所有することになった。

その後、自主管理の制度はたびたび変更が加えられたが、その要点は次のようなものであった。自主管理企業では労働者の中から選出された労働者評議会（任期二年、連続二期まで再任可）が最高意思決定機関である。とはいえ、日常的に企業の経営に携わり、対外的に企業を代表する経営のプロ（企業長。日本流に言えば社長）は必要とされた。企業長の選出プロセスは独特である。選考委員会が公募し、応募者を審査し、上位三名を労働者評議会に提案し、その中で適任と考えられる人物を労働者評議会が企業長に任命する（任期は四年だが、再任に関して限度はない）。企業長は専門スタッフと共に作成した発展計画、投資計画、利益配分の計画等を労働者評議会に提案する。業績が良好である限り、企業長は再選されるが、業績不振の場合は、労働者評議会は解任という伝家の宝刀を抜くことができた。たいへん興味深い制度であるが、経済効率という点では問題があり、これが八〇年代初めに表面化した経済危機とつながっていくことになる。

3　体制転換と独立

(1) 連邦の中でのスロヴェニアの独自性

スロヴェニアにおける改革を試みたのはスタネ・カフチッチ（一九一九－一九八七）である。彼はスロヴェニアの党のイデオロギー担当書記を経て、一九六七年にスロヴェニア共和国政府の首相に就任した。しかしその二年後の一九六九年に「道路問題」が起きることになる。スロヴェニアは西欧との貿易を促進し、西欧の観光客をスロヴェニアに積極的に誘致し、さらに南のクロアチア共和国のダルマチア海岸に行く交通網を改善するために道路ネットワークの大幅な改善を計画した。これによってスロヴェニアでは、首都リュブリアナとイタリア、オーストリア両国との国境の間に高速道路が開通するはずだった。その資金を世界銀行の融資に頼ることにした。世銀は総額三四〇〇万ドルの融資を行った。

ところが、連邦政府はその資金をスロヴェニアの道路プロジェクトのために配分することなく、南部のマケドニア、コソボ、モンテネグロなどの低開発地域における道路プロジェクトのために再分配することを決めた。* スロヴェニアは「連邦の権力乱用と侮辱」だと反発した。スロヴェニア政府は抗議のために大規模な大衆集会を組織した。それに対して、チトーだけでなく、スロヴェニア出身のユーゴ共産主義者同盟の幹部カルデリも介入し、スロヴェニア指導部を民族主義と告発した。

その後、一九七一年から七二年にかけての冬、スロヴェニアの共産主義者同盟の雑誌の

＊旧ユーゴには南の低開発地域の発展を促進するために連邦レベルに低開発国開発促進基金があった。各共和国・自治州は毎年これに資金を拠出（たとえば、一九七一－七六年にはＧＤＰの一・九四パーセント）したうえで、低開発地域に融資していた。このような努力にもかかわらず、南北間の格差は拡大し、双方で不満がつのった。たとえば、コソボ自治州は返済額が大きく財政を圧迫していると主張した。それに対して、この基金に大いに寄与していたスロヴェニアは援助額が大きいために、自分の共和国において投資のために使えたはずの資金が奪われたことに不満をいだいていた。そして、その資金の使われ方に対して、古くてパフォーマンスの悪い産業の維持や政治家の個人的な友人のえこひいきになるばかりだなどと批判していた。

コラムでカフチッチとカルデリは民間投資に関して意見を交わした。カフチッチはここでも当時としては非常に進んだ考えをもっていた。当時のユーゴでは、たくさん稼いだ人は銀行に預金するか高価な耐久消費財を購入するか、それともフィジーのようなところで豪華な休暇を過ごすといった選択肢しかなかった。しかし、彼のアイデアによれば、それよりも人々が「ある種の株式」に投資できるようにすれば、企業はその資金を有効に利用して設備投資ができるし、企業の収益性によっては、投資した人々は追加的な利益を得ることができるはずだった。この意見に対して、正統派の学者から「社会主義的不労所得生活者」階級を生み出すという批判が出された。

カフチッチは一九七二年十月に辞任を余儀なくされるが、これは連邦全体の政治的雰囲気の変化とも関係があった。一九七一年にクロアチア民族主義運動が高まった。クロアチアの党指導部は連邦との交渉力を強めるために、高まりつつあった「マーティツァ・フルヴァーツカ」（クロアチア文化協会）の運動を許容し、連携さえした。しかし、やがてその運動は、党指導部のコントロールが及ばなくなるほどもりあがり、クロアチアの「国連単独加盟」さえ主張した。ここに至って、チトーが介入し、一九七一年十二月にクロアチアの党指導部は失脚した。チトーはこれとバランスを取るかのごとく、マケドニア、セルビアにおける「自由主義的」傾向をもつ指導者とともにスロヴェニアのカフチッチも批判し、一九七二年には辞任に追い込んだのだった。

クロアチア国民の強い不満の原因の一つに、クロアチアが外貨をたくさん稼いでもそのほとんどが義務的にディナール（ユーゴの通貨）に交換され、外貨はベオグラード（連邦の首都であると同時にセルビア共和国の首都でもある）の銀行で管理されたという事情があった。チトーを始めとするユーゴ共産主義者同盟（ＳＫＪ）の指導部は、共和国（とくに北の二つのスロヴェニアとクロアチア）の不満をなだめるために、思い切った分権化をはかり、多くの権限を共和国に移すことを認めた。チトーはソ連の圧力に対してはユーゴの独立を毅然として守り闘ってきた指導者であった。このため国民の間で絶大な支持を得ていたが、イデオロギー的には古いボリシェヴィキ的（つまり、レーニン的な）共産主義者であった。チトーは「プロレタリアート独裁」と「民主集中制」の重要性を強調し、ユーゴ共産主義者同盟（ＳＫＪ）の再集権化をはかった。各共和国の権限は拡大された（これは一九七四年憲法で明確化される）ものの、緩んだタガを引き締めるかのごとくユーゴ共産主義者同盟の集権化を強めたのである。

カフチッチが首相在任時のスロヴェニアでは、経済の最も近代的な部門、つまりエレクトロニクス、銀行・金融、およびサービス産業の発展が奨励され、投資も行われた。カフチッチは一九七二年に退陣したが、彼および彼の支持者が推進した経済政策は、その後、実を結ぶことになる。

⑵ ユーゴ経済の危機

一九八〇年代初めに表面化した経済危機に対して、ユーゴ共産主義者同盟と連邦政府も黙って手をこまねいていたわけではない。スロヴェニア出身のセルゲイ・クライゲル連邦幹部会議長のイニシャティヴの下で各共和国から学者が集められ、『経済安定化長期プログラム』が策定され、一九八四年に実施に移された。にもかかわらず、それは功を奏することなく、経済危機は深まる一方であり、次第にユーゴ共産主義者同盟の権威は低下し、それと共に共和国間の対立が強まるようになった。

阿部望によれば、すでに一九八七年の時点で、「二つの非和解的な基本的戦略」が存在した。それはマジャール対メンツィンガー論争となって現れた。セルビアを代表するエコノミストのリュボミール・マジャールは経済領域における連邦政府の権限を相対的に強化することによって経済活動を活性化すると主張した。それに対してスロヴェニアを代表するエコノミストであるヨージェ・メンツィンガーは連邦政府の権限の最小化を訴えた。そもそもマジャールはユーゴ連邦をアメリカ合衆国や西ドイツのような連邦国家として捉えていたのに対して、メンツィンガーはユーゴ連邦を当時のＥＣのように捉えていた。マジャールにとってはユーゴ連邦全体の均衡的発展が重要であったのに対して、メンツィンガーにとっては企業の自立とその環境整備が重要であり、それを実現するために人的・物的資源が共和国の国境を越えて自由に移動できる「共同市場」が重要であった。

一九八九年九月、スロヴェニア共和国は憲法を改正し、連邦離脱権を明記した。セルビアはこれに反発し、両共和国は一時国交を断絶した。日本ではある県と別の県が付き合いを絶つということはありえないが、旧ユーゴの場合、共和国は日本の県とは全く別物であった。言うまでもなく旧ユーゴはアメリカ、ドイツ、ロシア、カナダと同様、連邦国家であった。しかしこうした連邦国家の中であっても、それを構成する共和国または州が別の構成主体と国交断絶をすることはまず考えられない。

ところが、そういう異常事態がこの時点の旧ユーゴで生じたのである。この国交断絶は当時のマルコヴィチ連邦政府首相の仲介で二カ月後にいったんは解消したものの、両共和国は連邦政府の経済政策に反発し、独自の政策をとるようになった。翌年十月にはスロヴェニアは特別の輸出補助金を導入した。セルビアはセルビア経済保護のために一種の国内関税を導入し、とくにスロヴェニア製品を事実上ボイコットした。それによってスロヴェニアのマーケットはかなり縮小した。スロヴェニア共和国だけでは二百万人の市場しかない。セルビアによるスロヴェニア製品のボイコットはスロヴェニア経済に深刻な影響を与えた。もちろん、これはセルビア経済にも深刻な影響を与えたはずである。たとえば、セルビアの自動車メーカー「ツルヴェナ・ザースタヴァ」の車の三分の一はスロヴェニア市場で売られていた。スロヴェニアでは輸出企業の倒産はまだ一度もなかったが、最大で最も成功していた会社ゴレニエ（家電製品メーカー）は前年の黒字から赤字に転落した。スロヴェニア経済全体では赤字額が黒字額の五倍に達したが、それは史上初めてのことであった。前年からの経済成長率はマイナス一〇パーセントで、まさにカタストロフィ（破局）であった。大きな景気後退の理由はなんといっても市場の縮小であった。

一九八九年十二月、年率二六〇〇パーセントのハイパーインフレを抑えるために、連邦政府は、賃金、マネー・サプライ、公的支出の厳格な統制をしいた。翌年（一九九〇年）春にはインフレは終息したが、このショック療法は経済に深刻な影響を与えた。しかも、経済構造の異なる各共和国への影響は、大きく異なっていた。独立直前の一九九一年四月に筆者がスロヴェニアを訪問したとき、スロヴェニアの経済会議所事務局長代理のミティア・オトレペッツは次のように語って、スロヴェニアは連邦から離脱すべきだと説いた。

「マルコヴィチ〔連邦政府首相〕は通貨発行で切り抜けようとしていた。モンテネグロ共和国では財政は空っぽになった。連邦財政にスロヴェニアは四分の一も貢献しているが、その連邦財政も空っぽになった。国立銀行から借入をしなければならなくなるだろう。これはインフレ圧力を強める」。

(3) 政治改革と選挙

ここでダーニッツァ・フィンク＝ハフナー（リュブリアナ大学教授）の研究に依りながらスロヴェニアの政治状況を見ていこう。スロヴェニアでは、次のような異なる形で、政治的近代化が比較的平和に進んだ。①社会的異議申し立ての許容、②特定の政治的目的をかかげた新しい社会的グループ（農民、職人、私的企業家、若者、宗教的またはイデオロギー的異論家）の動員、③「上」からの改革。

古い政治制度の政府および支配的政治的エリートの正統性が徐々に失われていった。「複数主義化は最初サブ・カルチャーにおいて一九七〇年代末のパンク・ロックの出現と共に始まった。これはスロヴェニアにおける最初の社会運動であった。だいたい一九八二年から価値、イデオロギー、利益の複数主義の開始がとくに新たに発展したさまざまな社会運動（平和運動、エコロジー、精神的運動、フェミニズム運動など）という形で観察された」。体制側も社会的異議申し立てを許容せざるをえなくなっていった。それまでの社会主義的一元主義の体制の下では無視されてきた社会的グループ、たとえば農民、職人、私的企業家、若者、宗教的異論家、イデオロギー的異論家が公然と新しい社会運動を開始した。フィンク＝ハフナーはその意義を次のように説明する。第一に、八〇年代初めから半ばにかけての社会運動が八〇年代末から九〇年代初めに起きた政治的複数主義のためのドアを開けた。第二に、人権、良心的兵役拒否、両性の平等、平和、環境といった論点を掲げることにより、社会運動は新しい政党の綱領に影響を与えた。第三に、環境保護運動が「緑の党」の母体になった。第四に、新しい社会運動が一九九〇年春の選挙以後、新しい市民的秩序の政治的エリートの人的資源となった。

社会的反対派の活動は一九八〇年代に次第に高まっていくが、同時に政治的色彩を強めていった。社会的反対派の運動は一九八八年にそのピークを迎え、その頃から政治的反対派の運動が急速に盛り上がっていった。フィンク＝ハフナーは、一九八八年の「軍事機密漏洩事件」の裁判に対する抗議行動がスロヴェニアにおける社会運動で重要な画期となったとしてその意義を重視している。この事件はおおよそ次のようなものであった。

一九八八年五月十九日、スロヴェニアの社会主義青年同盟の機関誌『ムラディナ（青年）』が連邦軍の機密文書を暴露した。それは一九八八年一月八日付けリュブリアナ軍管区指令書五〇四四－三で、その内容は「スロヴェニアを不安定化し、非常事態を宣言し、自由主義的なスロヴェニアの政治指導部と報道機関をユーゴ連邦軍に大いに好意的なより保守的な人物で置き換える」というものであった。その報道の直後、その記事を書いたヤネズ・ヤンシャ（元青年同盟議長）を含む三名の『ムラディナ』関係者および軍人一名が「軍事機密漏洩」の疑いで逮捕され、六月三十日に起訴された。七月二七日、リュブリアナの軍事裁判所は四人に対して最高で禁固四年の有罪判決を下した。スロヴェニアの世論が沸きたったのは、スロヴェニアでの裁判がスロヴェニア語でなされず、軍の指揮言語であるセルビア＝クロアチア語で、しかも密室で行われたからである。

言語はスロヴェニア民族のアイデンティティにかかわる重要な問題であった。七月十九日から連日、市民が数千人規模のデモを行った。スロヴェニア語を使えとの世論にもかかわらず、軍当局は強硬姿勢を崩さなかった。連邦幹部会も軍当局を支持した。これに対してスロヴェニア共和国幹部会も反発し、スロヴェニア共産主義同盟の指導者ミラン・クーチャンも軍当局を批判した。フィンク＝ハフナーによれば、一九八八年はスロヴェニアにおける社会的反対派の結成のクライマックスであると同時に、政治的反対派の開始の年で

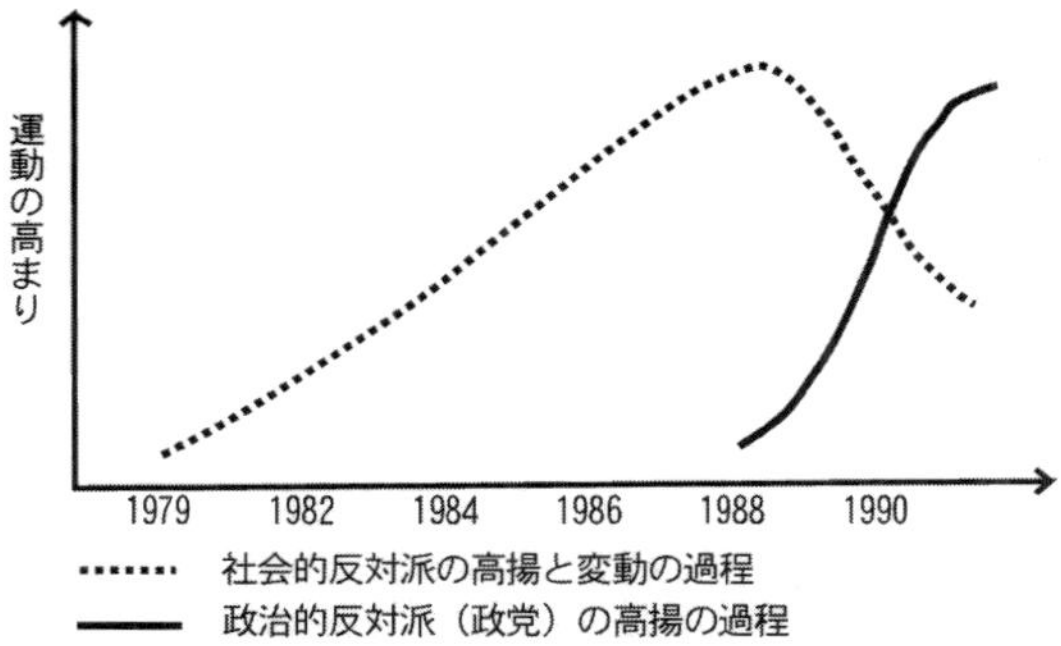

図1　スロヴェニアにおける社会的反対派と新たに形成された政治的反対派の高揚と変化

	複数政党実現に努力	新しい同盟の存在と活動を承認	新しい同盟のマスメディア
モンテネグロ	6	9	12
セルビア	9	8	10
ヴォイヴォディナ	10	12	14
ボスニア・ヘルツェゴヴィナ	12	14	13
マケドニア	14	14	16
コソボ	16	24	24
クロアチア	19	19	24
スロヴェニア	36	44	46

表1　共和国・自治州別に見た政治的複数主義に対するSKJ党員の立場（％）

出典：Fink-Hafner, Danica (1991), Pluralization as Factor and as Result of Political Modernization in Slovenia in the 1980's and Beginning of 1990's, mimeo.

もあった。この年から政治的反対派が前面に出るようになり、自由で合法的な選挙を組織するようになった。

従来の政治的エリート、つまりスロヴェニアの共産主義者の「政治的態度もスロヴェニア人の態度の変化に従いつつ、しかも相当の政治的タイム・ラグを伴いながら変わっていった」(図1参照)。表1のデータは、一九八九年春の調査に基づくものであるが、これによると、政治的複数主義に対してスロヴェニアの共産主義者が最も肯定的態度を示していたことがわかる。たとえば、「複数政党制実現に努力」という点ではスロヴェニアの共産主義者は三六パーセントで、二位のクロアチアの共産主義者の一九パーセントを大きくリードしていた。「新しい同盟の存在と活動の承認」という点ではスロヴェニアの共産主義者は四四パーセントで、深刻な民族問題を抱えているコソボの共産主義者が二四パーセントでそれに続いた。全体として、モンテネグロとセルビアの共産主義者が保守的であるのに対して、「スロヴェニアのユーゴ共産主義者同盟党員が最もラジカルな転換を求めて闘った」。

ユーゴスラヴィアは一九五〇年以降、生産手段の国有ではなく「社会有」に基づく分権的な自主管理社会主義を建設し、七〇年代末まで比較的高い成長率で経済発展を遂げた。経済が順調に発展している限り、諸民族は仲良く共存することができた。ところが八〇年代に入って経済危機に陥ると、次第に対立は深刻化していった。それまで多民族国家を束ねていたユーゴ共産主義者同盟は有効な危機克服策を打ち出すことができなかったため、次第にその権威を失っていった。共和国間の対立はユーゴ共産主義者同盟内部にも反映された。九〇年一月、ユーゴ共産主義者同盟の大会でスロヴェニアの代議員団の党改革の提案が否決されると彼らは退場し、ユーゴ共産主義者同盟は分裂した。

(4) 国際環境の変化

小国の進路は、そのときの国際環境によって強く制約される。一九四四年十月、イギリス首相チャーチルはモスクワでスターリンと会談し、戦後の勢力圏について協議した。ユーゴとハンガリーについてはフィフティ・フィフティの原則で影響力を行使し、それ以外の東欧諸国はソ連の影響下に置くことで両者は合意した。それと引き換えに、ソ連は西欧には干渉しないことを暗黙のうちに認めた。この二人の合意は一九四五年二月にアメリカ大統領ローズヴェルトを加えたヤルタ会談でも確認されたので、米英ソの大国による「縄張り」の密約は、ヤルタ体制と呼ばれる。これがあったので、ハンガリー事件やチェコ事件に際して、米英両国は非難こそすれ、それ以上の強い行動には出なかったと考えられる。

一九五六年二月の第二〇回ソ連共産党大会でのフルシチョフ第一書記によるスターリン批判とソ連国内での非スターリン化の動きに触発され、東欧諸国では民主化を求める運動が活発化した。ハンガリーでは十月下旬の民主化運動に対して党指導部が拙劣に対応し、運動を弾圧したため、暴動に至った。そこで、ハンガリー駐留のソ連軍が介入し、その結果、多くの逮捕者と犠牲者、そして亡命者を生んだ。一九六八年、チェコスロヴァキア共産党指導部の改革派（ドゥプチェク第一書記ほか）主導の上からの民主化は多くの国民から熱烈な支持を得た。この動きは「プラハの春」と呼ばれたが、これが近隣の社会主義諸国に波及することを恐れたソ連指導部は東独、ポーランド、ハンガリー、ブルガリアの指導部にも呼びかけ、同年八月にワルシャワ条約機構軍を動員してチェコスロヴァキアに軍事介入して弾圧した（チェコ事件）。この介入を正当化するために、ソ連共産党書記長ブレジネフは、社会主義共同体の共同の獲得物が危険に晒《さら》されたときには、これを守るために一国の主権は制限されうるという論理を持ち出した。これが「限定主権論」または「ブレジネフ・ドクトリン」と呼ばれるものである。

戦後四十数年もたつと、諸民族が団結して戦った解放戦争という共通の体験は風化し、国際環境も大きく変化した。たとえば、一九八五年四月にソ連共産党書記長に就任したミハイル・ゴルバチョフは、ソ連が危機寸前の状態にあると認識し、一九八六年に「ペレストロイカ」と呼ばれる抜本的な社会改革に乗り出した。一九八八年には「限定主権論」を放棄し、一九八九年半ばから年末にかけて東欧諸国ではあいついで社会主義体制が崩壊した。こうして「ヤルタ体制」は消滅し、冷戦は終焉した。ユーゴの諸民族を一つの国家につなぎ止める要因であったソ連の脅威もなくなり、また、伝統的にスロヴェニア民族にとって大きな脅威であったドイツおよびイタリアの膨張主義は過去のものとなった。EC（ヨーロッパ共同体）は当時、一九九二年に向けてより高度の統合をめざしていた。「冷戦の終焉は、イタリアやオーストリアと接する西北の国境沿いにあるかつての深いイデオロギー的、軍事的ギャップを政治的には陳腐なものにし、経済的には有害なものにした。旧ユーゴの中にあってスロヴェニアは、西欧諸国の豊かさ、経済的自由主義、政治的民主主義のデモンストレーション効果に最も強くさらされた」（アントン・ベブレル）。最後の連邦政府首相であったアンテ・マルコヴィチ（彼自身はクロアチア人）はユーゴのEC加盟の希望を表明していたが、足元は大いに揺らいでいた。スロヴェニアはクロアチアと共に、「沈みかかった船」（ユーゴスラヴィア）から脱出し、欧州統合の流れにのることを強く希望するようになった。

（5）複数政党制に基づく自由選挙

一九八〇年に表面化した経済危機は長く続き、ますます深刻化した。共和国の対立も深まった。セルビアは危機を解決するために連邦政府の権限を強め、その主導により危機を克服すべきだと考えた。しかし、一九八六年にスロボーダン・ミロシェヴィチがセルビア民族主義を煽りながらセルビアの実権を掌握した。モンテネグロ共和国、コソボ自治州、ヴォイヴォディナ自治州でもミロシェヴィチ支持派が実権を掌握した。このような状況下で連邦政府の権限を強化することは、他の共和国にとっては非常に危険で受け入れがたいことであった。分権的なユーゴ連邦を束ねていたのはユーゴ共産主義者同盟であったが、権威を喪失し、一九九〇年一月には分裂した。こうして複数政党制に移行し、一九九〇年の四月から十二月にかけて各共和国で次々に自由選挙が実施された。すべての共和国で民族主義的な政党が勝利し、遠心力が強まった。セルビアとモンテネグロでは共産主義者同盟とその統一戦線組織が合併してできた社会民主党が勝利したが、この政党自身民族主義的傾向の強い政党になっていた。

スロヴェニアでは同年四月八日に最初の自由選挙が実施された。共和国議会選挙の第一回投票および共和国幹部会議長（大統領）の選挙がこの日におこなわれ、十九の政党がこの選挙に参加した。共和国議会選挙の第二回投票は四月二二日におこなわれた。反体制の立場の七政党が結成した連合体デモス（スロヴェニア民主反対派）が得票率五八パーセントで、議会の絶対多数（合計二四〇議席中一二七議席、すなわち五三パーセント）を占めた。民主再生党と名称変更したそれまでの支配政党スロヴェニア共産主義者同盟は、得票率は一四パーセントにとどまったが、個別の政党としては最大の議席を獲得した。その結果、キリスト教民主党の党首ペテルレを首相とするデモスの連立政権が発足した。初代大統領には「社会民主主義的な共産主義者」のミラン・クーチャンが選出された。こうして、非共産党政権と、かつての共産主義者クーチャン大統領とのコアビタシオン（同棲）が始まった。

（6）分離独立

一九九〇年十二月二三日、スロヴェニアの独立に関する意思を問う国民投票が実施され、投票した人の八八・五パーセントは独立を支持した。一九九一年前半、ユーゴのあるべき国家形態をめぐり、各共和国および自治州の最高指導者レベルの議論が行われた。マケドニアの指導者はユーゴの一体性の維持を願い、ユーゴをより緩やかな国家連合に再編する提案を行った。スロヴェニアも国家連合への再編を提案した。しかし、セルビアのミロシェヴィチはそれを拒否した。こうして、スロヴェニアの指導者および多くの国民は、沈みつつある船ユーゴスラヴィアからの離脱を決断した。第二次大戦後のユーゴでは、クロアチアと連邦との間で対立が生じると、スロヴェニアはつねに両者の間の調停者として行動してきた。そのスロヴェニアの独立に向けた決断の意味は重大であった。

一九九一年六月の時点では欧米の大国はユーゴ連邦の解体を望んでいなかった（後述のように、オーストリアとヴァティカンは別の意向をもっていたようである）。六月十九日にベルリンで開催された全欧安保協力会議（CSCE）外相協議会でもユーゴ統一を支持することが確認された。六月二一日、アメリカのベーカー国務長官はベオグラードを訪問し、アメリカは一方的離脱行為を承認しないと、という声明を発表した。

スロヴェニアはクロアチアと共に一九九一年六月二五日に独立を宣言した。岩田昌征によると、スロヴェニアが強気に出ることができたのは、支援要請をかつての支配者である隣国オーストリアに絞って工作し、それがうまくいったからである。オーストリアのモック外相はスロヴェニアのルーペル外相を全欧安保協力会議へのオーストリア代表に加えるという「荒業」を使った。岩田はヴァティカンの関与にも言及し、アメリカの駐ヴァティカン大使の書物から次のように引用している。「一九九一年中盤までに、ヴァティカンは承認プロセスのリーダーになるという前例のない行動をとり出していた」。

独立の軍事的側面を簡潔に紹介しておこう。ゴウとカーマイケルによると、スロヴェニアは独立宣言の一年以上も前から連邦軍の側と共和国国防省の側でそれぞれ独立を予期して準備を始めていた。スロヴェニアでは領土防衛隊（TO）が大きな役割を果たした。これは一九六八年におけるワルシャワ条約機構軍によるチェコスロヴァキアへの軍事介入を契機に、全人民防衛の思想に基づいて導入されたもので、地域住民や職場の労働者がいざという場合に武器を手にとって国を守るという組織である。もちろん、彼らが装備する武器は貧弱であるが、まず敵の侵略に対応したうえで、本格的に武器を装備し、訓練をつんだ連邦軍が敵を撃退するという二段構えの防衛システムをユーゴは持っていた。

前述のように最初の複数政党制選挙の第一回投票が一九九〇年四月八日に実施され、そこで野党のデモスが躍進し、四月二二日の第二回投票の後、デモス主導の政権が発足することが確実となった。連邦軍は四月十八日から五月十五日にかけて各共和国の政府とは相談なしに、領土防衛隊がベオグラードにある連邦軍司令部に完全に服従するという新たな防衛ドクトリンを決定し、押し付けようとした。同時に、連邦軍は各共和国で領土防衛隊の武装解除を始めた。クロアチアでは、事実上すべての領土防衛隊の武器庫を没収するのに成功した。だが、スロヴェニアでは、連邦軍は装備品の四〇パーセントを没収しただけであった。選挙後のデモス政権の国防大臣にはヤネズ・ヤンシャが任命された。連邦軍の動きに対抗するために、領土防衛隊をスロヴェニア政府単独の指揮下に置いた。さらに、政府は、国家防衛機動作戦機構として知られる国家防衛部隊（ＭＳＮＺ）を設立したが、その設立は当時、最高度の極秘事項で、大統領、首相、国防大臣、内務大臣、参謀総長を含むわずか七人のみが共和国レベルでの全仕組みを知っていたという。

スロヴェニアとクロアチアが独立宣言を発表した後、とくにスロヴェニアはこの宣言を直ちに行動に移した。国境に国境検問所と税関を設けたのである。連邦政府はこの行為を阻止するために連邦軍を派遣した。連邦軍司令部はスロヴェニアの領土防衛隊が軍のコントロール下にあると思い込んでいた。ところが、スロヴェニアの領土防衛隊は国家防衛部隊の指揮下で行動した。そもそも連邦軍司令部はスロヴェニアの国家防衛部隊の存在すら知らなかった。また、諜報能力の点でも連邦軍は劣っていた。連邦軍はスロヴェニアの司令部を抑えようとしたが、スロヴェニア側は事前にそれを察知して、その前夜に共和国国防省を新たな建物に移していた。領土防衛隊は貧弱な武器装備しかなく弱体であるので、連邦軍司令部は力を誇示するだけでスロヴェニアの独立を阻止できると思っていたが、これは完全に見込み違いであった。領土防衛隊は諜報ネットワークで連邦軍の動きをつかんで待ち伏せしてタンクや装甲車を攻撃したので、連邦軍部隊は混乱した。スロヴェニアの領土防衛隊と連邦軍が衝突したときの映像はテレビを通じて世界中に流れた。ＥＣはスロヴェニア政府とユーゴ連邦政府との間の対立を調停するために、直ちに三ヵ国（オランダ、イタリア、ルクセンブルグ）の外務大臣を派遣した。ブリオニ島での交渉の結果、スロヴェニアと連邦政府は三ヵ月間の戦闘停止で合意した（ブリオニ停戦）。スロヴェニア政府は自国の国家承認に向けて外交努力も続けた。三ヵ月後、戦闘は再開されたが、このときには焦点はクロアチアと連邦軍との衝突に移っており、セルビアのミロシェヴィチもスロヴェニアの独立をあっさり承認した。

三カ月間の停戦が終了するまでに、スロヴェニア人兵士やクロアチア人兵士の連邦軍からの脱走が進み、連邦軍は事実上セルビア人、モンテネグロ人、マケドニア人主体の軍隊に変質しつつあった。ＥＣユーゴ和平会議の下にＥＣ加盟の五ヵ国の憲法裁判所所長からなる調停委員会（委員長の名をとってバダンテール委員会と呼ばれた）が設置された。クロアチアは多数のセルビア人をかかえ、激しい戦闘が続いており、国家承認は時期尚早と思われたが、ドイツは一九九一年十二月半ばにスロヴェニアとクロアチアを無条件で承認した。一九九二年一月十一日、バダンテール委員会はマケドニアは独立の要件を満たすが、クロアチアは満たさないと判断した。にもかかわらず、ドイツの行動はEC全体をリードし、一月十五日に他のEC諸国もECの一体性を維持するためドイツに追随した。ボスニアではそれまでムスリム（スラヴ系イスラム教徒。現在、ボスニア人と自称）、セルビア人、クロアチア人の主要三民族が微妙なバランスを保ちながら共存してきた。彼らの平和共存の前提はユーゴ連邦の存続であったが、二つの共和国の独立はボスニア内部の民族間のバランスを崩した。多数派のムスリムが主導してボスニアは独立と国連加盟に向かったが、それがむしろセルビア人の反発を招き、九二年四月から九五年十一月にかけての悲劇的な民族紛争の元となった。独立に際して、スロヴェニアも四十五人の犠牲者を出したものの、他の共和国と比べると、その人的犠牲と物的被害は比較的小さかった。

メンツィンガーによると、金融的独立の探求も一九九〇年六月までには始まっていた。国家連合の枠内において独自の通貨システムを持つ可能性が検討され、すでに一九九〇年十月には、暫定的紙幣が印刷されていた。議論はそのスロヴェニア通貨の導入はいつが最も適切かということに移っていた。独自通貨の発行はブリオニ停戦で三カ月中断したが、独立したときに発行できた。十月八日に新しい通貨トラル（Tolar）が導入されたが、これはスロヴェニアの金融政策を旧ユーゴ連邦の金融政策から切り離し、過去のハイパーインフレ傾向との関連を断ち切ることを目指したものであった。

4　もの作りと国際化

(1) 高い国際競争力の秘密

経済面で見ると、ハプスブルク帝国時代、スロヴェニアは若干の工業セクターを持つものの、相対的に発展の遅れた農村地域であった。スロヴェニアの工業は主にハプスブルグ帝国のための原料と中間財の供給者であったが、ユーゴスラヴィア国家（第一のユーゴ）の創設で、その役割から切り離され、今度は新興市場に完成品を供給する地位についた。しかも、工業は関税によって保護され、発展することができた。第二次世界大戦後、旧ユーゴはチトーの指導の下で、社会主義国家（第二のユーゴ）として再建された。その中でスロヴェニアは経済的に発達した共和国であった。二〇〇八年のグローバル金融危機まで製造業の輸出が活発で、そのおかげでこの国の貿易収支も経常収支もほぼバランスがとれていたが、このことはこの国の高い国際競争力を物語っている。それには、さまざまな要因が考えられる。

第一に、この国の人々の地域に対する愛着である。首都には人口はそれほど集中していない。スロヴェニアの現在の人口は二〇六万人であるが、首都のリュブリアナの人口は二八万人であり、他の国々と比較しても、首都への人口の集中度は非常に低い。自分の故郷で住宅を建設し所有するという伝統に加えて、一九七〇年代と一九八〇年代における政治と金融経済の分権化が人々の地方への忠誠心を強めた。農村地域の住民にとって土地保有は非常に重要である。第二のユーゴ時代、「土地は農民の手に」という原則に基づき農地改革が実施された。そして、一九四七年にソ連のコルホーズをモデルとした農業生産協同組合作りの運動が始まったが、うまくいかなかった。一九四八年六月にユーゴがコミンフォルムから除名されてからは、国内でソ連型社会主義に対する批判が強まり、農業生産協同組合の組織化は中止された。社会主義時代においても、スロヴェニアを含むユーゴでは、全農地の一五パーセントは社会主義大規模農業企業が保有していたが、残りの八五パーセントは個人農が保有していた。農民は労働者になっても、農村に自分の土地と住宅を保有することを希望し、経営者たちもそれを積極的に支援した。このことが、他のポスト社会主義諸国と比べてスロヴェニアの人口流出が少ないことを説明すると思われる。自主管理社会主義時代、労働者は比較的低い賃金を許容して地元の企業を支えた。同時に、経営者たちは、雇用、賃金、副業（たとえば、耕作、同僚の住宅建設の手伝い、手工業など）、ローン、子供の教育の点でも配慮し、便宜をはかってきた。安定した雇用のおかげで、労働者は企業特有の技能の向上に打ち込むことができた。

第二に、自主管理社会主義からのプラスの遺産を指摘することができる。自主管理社会主義のユーゴは半ば市場経済の国であった。経営者たちは市場経済に関する経験と知識を蓄積した。労働者たちも自分たちの企業に対する強い帰属意識をもっていた。この点は、日本の電機労連が行った調査によっても確認できる。一九八五年に発表された『十ヵ国電機労働者の意識調査結果中間報告』によれば、「スウェーデンやユーゴスラビアにおいては日本を上回る帰属意識が示されて」いた。

第三に、スロヴェニアの労働者たちは勤勉である。二〇〇四年にインタビューした社会学者のスタノエヴィチによれば、この国は「仕事中心」の社会である。世論調査によるとスロヴェニア人の基本的な価値観は仕事と家族だということになっている。もちろん、不足する所得を補いたいと動機もあるが、スロヴェニア人は週末に働くこともいとわない。

第四に、平均して人々の教育レベルがかなり高く、労働者の技能も比較的高い。一九九七年四月、リュブリアナ大学法学部付属経済研究所所長（後に学長）のヨージェ・メンツィンガーに会ったとき私は、旧ユーゴの南の共和国と比べてスロヴェニアの経済的パフォーマンスが高いのはなぜかと尋ねたところ、彼は意外にも、ハプスブルク帝国時代のマリア・テレジアによる教育制度改革を挙げたので面食らったことがある。この改革のおかげで、エリートだけでなく、労働者、農民、職人の知的・技能レベルが南と比べて高く、そしてその積み重ねの上に今日のスロヴェニアがあると言いたかったのであろう。

第五に、高い技術的潜在力を指摘することができる。人口百万人当たりの特許件数、研究・開発（R&D）費、研究・開発に従事するスタッフの数は、一国の技術的潜在力を示す指標である。中東欧諸国がEUに加盟する前の二〇〇一年のデータでは、人口百万人当たりの特許件数は加盟候補国（当時の地位）は平均して八件で、EU十五ヵ国の平均一六一件と比べてはるかに低かった。これは当然のことであろう。十一の加盟候補国を国別に見ると、かなり違いがある。突出しているのは、スロヴェニアの四一件で、これはEU加盟国のスペイン（二四件）を上回っていた。研究・開発費の対GDP比、研究・開発費における民間セクターと公的セクター（国家および高等教育機関）の比率、研究・開発従事者の数の三指標でも、EU15諸国（一九九五年までに加盟していた国）と加盟候補国との間には大きな違いがあった。加盟候補国の中で比較的良好なのは、スロヴェニアとチェコであった。スロヴェニアの場合、R&D費の対GDP比は一・五二パーセントで加盟候補国の中では一番高く、EU15の中のアイルランド、スペイン、ポルトガル、ギリシャを上まわっていた。最新のデータを見ても、スロヴェニアはR&Dに力を入れていることがわかる。二〇一四年におけるスロヴェニアのR&D費の対GDP比は二・三九パーセントで、EU二八ヵ国平均の二・〇一パーセントよりも高く、新規加盟国となったかつての候補国の中で最も高い。ちなみに、チェコの場合、二パーセントである。

第六に、ネオ・コーポラティズムの存在が挙げられる。これは、第二次世界大戦後の北欧のような民主主義の発展した国々で成立した経営者団体、労働組合および政府の代表による社会的対話と利害調整のメカニズムである。中東欧のポスト社会主義国を研究するハンガリーの二人の学者ボーレとグレシコヴィチは、ネオ・コーポラティズムが機能するための条件を次のように説明している。「経営者の選択肢を制約するだけでなく労働者をコントロールし、労働側の戦略をより穏健化することもできる強い労働、労働者たちの要求を抑制するだけでなく進んでそれに適応することができる資本、および社会パートナー間の相互作用に手を貸すこともでき、相互の義務の履行を手伝うこともできる国家」の存在である。それらが、自主管理の伝統を受け継ぐこの国に存在したのである。経営者、労働者および政府の利害を伝え、労働市場を調整するために、経済社会評議会（ESC）が一九九四年九月に設立された。当時、単一通貨ユーロの導入に向けてマーストリヒト収斂基準を満たすためにインフレ率を下げることが必要であったが、ESCのメカニズムのおかげでそれに関する国内的なコンセンサスを比較的容易に得ることができた。二〇〇一年を除くと、この国は一九九八年から二〇〇四年にかけて賃金上昇を労働生産性上昇の範囲内に抑えることに成功した。このように、三者による社会的対話と利害の調整は穏やかな賃金上昇を可能にし、この国の産業の強い国際競争力を維持することを保証している。

第七に、スロヴェニアの発展戦略が言及されなければならない。それは、ニッチ（隙間）の探求およびその経済活動の徹底的な国際化に要約される。スヴェトリチッチによれば、国内市場の狭さは問題にならない。世界市場にアクセスできるということが決定的に重要である。スロヴェニアのような小国はフル・セットの産業をもつ必要はない。その代わりに、小国は自分にふさわしい得意な分野、すなわち、ニッチを見出し、その分野に特化する。そのためにも、小国はあらゆる種類の活動を徹底的に国際化しなければならない、ということである。

日本の多くの企業は輸出もするが、やはり一番大事なのは国内市場である。日本は輸出立国だとよく言われるが、輸出依存度（輸出総額の対GDP比）は意外と低い。二〇一〇年の数字では一四・一パーセントである。それに対してスロヴェニアの輸出依存度は六五パーセントである。スロヴェニアのような小国にとっては、隣が県ではなく、言葉も違う外国である。企業は小さな国内市場だけでなく、最初から外国市場を念頭において製品作りやマーケティングをしなければならない。外国語能力（たんに読むだけでなく、話す、聴く、書く能力も）は、ビジネスにおいて必須である。現地の大学生と何回か話す機会があったが、彼らによると、二つの外国語を知っている（当然、話す）ことが要求されている。初等学校（六歳－十五歳）は九年制であるが、四年生（十歳）のときに第一外国語の学習が始まる。それは主として英語であるが、国の北東部マリボール市とその周辺ではドイツ語である。少数民族であるイタリア人やハンガリー人が住む地域では、それぞれイタリア語、ハンガリーを学ぶ。高校（十五歳で入学）では第二外国語の学習が始まり、選択肢にはドイツ語、フランス語、イタリア語のほかに、ロシア語やスペイン語もある。シーウェイ社のオーナーで、ヨーロッパの主要なヨット（およびモーター・ボート）の設計者でもあるヤペッ・ヤコピンは、小企業（小国）は国際化の五つの心得をおさえておけば、弱みを強みに転じることができると主張している。それは、①外国語の優れた知識、②よい教育、③パートナーの文化に精通していること、④優越感を持たないこと、⑤柔軟性、である（ヤペッ・ヤコピンの発言はヤクリッチとスヴェトリチッチの著書からの引用）。

最後に、一九六七年から七二年にかけてスロヴェニア共和国の首相を務めたスタネ・カフチッチの政策を付け加えておきたい。それは経済の最も近代的なセクター、たとえばエレクトロニクス、銀行業と金融、およびサービス産業の発展を奨励し、投資を行ったことである。チトーらユーゴ共産主義者同盟指導部から「自由主義的偏向」を批判され失脚したが、在任時の彼の政策は後で実を結んだと言えるだろう。

（2）隠れたチャンピオン企業

独立してユーゴ市場の大きな部分を失ったことにより、スロヴェニアは一時的に不況に陥った。しかしもともと西欧市場とは大きなつながりを持っていたスロヴェニアは、よりいっそう西欧市場に食い込む努力をすることによりその危機を乗り切った。スロヴェニアの強みはもの作りにある。スロヴェニアのような小国はむしろ積極的に貿易をしなければ経済発展を実現できない。この国は、経済的自立性の確保に努めてきた。経済的自立性は鎖国を意味しない。開放経済体制をとりつつ、経済の基幹部門、企業のＲ＆Ｄ（研究・開発）部門や銀行はできるだけ国内資本の手中にとどめるよう努力してきた。一九九〇年代の非常に困難な時期を乗り切るために、多くの企業が積極的に事業の国際展開をはかり、その結果、多国籍企業になった企業が多く出現した。

経営学者でドイツの大学の教授を経た後コンサルタントとして世界的に活躍するハーマン・サイモン（ドイツではヘルマン・ジモンと呼ばれている）は、「隠れたチャンピオン企業」という概念の提唱者である。彼によると、欧州先進国には「隠れたチャンピオン企業」が多く、これらの企業が輸出競争力を高め、究極的には国家の競争力を高めるという見方をしている。彼は「隠れたチャンピオン」を、①世界市場で三位以内に入るか、企業の所在する大陸でトップのシェアを持ち、②売上高が四〇億ドル未満、③一般的に認知度が低い、の三つの条件を備えた企業と定義している。彼の著書のドイツ語版によると、二〇一二年の時点で二七三四の「隠れたチャンピオン」企業が存在するが、そのうち最も多いのはドイツ（一三〇七）であり、次いで、アメリカ（三六六）、日本（二二〇）、オーストリア（一一六）、スイス（一一〇）である。このランキングではスロヴェニアは二四位（七）に入っている。彼は、「隠れたチャンピオン」企業の数を人口百万人当たりでも調べており、その数が最も多いのはドイツであり、次いで、ルクセンブルグ、スイス、オーストリア、スウェーデン、スロヴェニアとなっており、スロヴェニアは世界第六位である。ただし、サイモンの著書の中での具体的な事例紹介はドイツ企業が圧倒的に多く、スロヴェニアの企業名は言及されていない。以下、筆者が優れた企業と考えるスロヴェニアの二つの企業の事例を紹介しよう。

家電のゴレニエ

ゴレニエは第二次世界大戦後スロヴェニアの農村の農業機械製造企業から出発して、家庭電化製品メーカーになり、スロヴェニア最大の多国籍企業になった。以下、アンドレア・ヤクリッチとマリアン・スヴェトリチッチの研究に基づき、この会社の歩みを紹介しよう。一九五〇年にゴレニエと呼ばれる農村（会社名はここに由来する）に農業機械を作る企業が設立された。一九六〇年にこの企業は比較的大きな（と言っても、人口は現在でも約二万五千人しかない）町ヴェレニエに移った。一九六三年に電気ストーブを生産し、一九六七年に洗濯機、一九七〇年に冷蔵庫を生産するようになった。

ユーゴでは、一九六五年の経済改革により、上級国家機関の権限が大幅に縮小され、経済に関する権限のいくつかが企業や自治体に移され、それと共に市場経済的要素が拡大した。同年にユーゴは社会主義国としては初めてGATT（「貿易と関税に関する一般協定」という国際機関で、現在のWTOの前身）に加盟した。この機会をとらえてゴレニエは一九六七年に輸出志向戦略を採用し、台所用家具、加熱用調理器具、セラミクス、医療用設備、電話通信、娯楽用電子器具およびテレビへと生産を多角化した。この会社は一九六〇年代初めに西独への輸出を始め、まもなく対西独の輸出はゴレニエの売上総額の約四〇パーセントを占めるようになった。

当初、ゴレニエはスロヴェニアの貿易会社を通じて輸出していた。輸出の目的は、西欧から原料と部品を購入するために必要な外貨の獲得であった。後に外国に販売拠点を設け、さらに生産拠点も設けた。その後自社独自で輸出を始めるようになったのは最新の技術を取り入れ、市場のニーズを常に知るためであった。一九七〇年代は西独および共産圏が輸出先であり、その後、アメリカにも輸出した。イタリアの会社と提携し、技術、ノウハウおよびイノベーションのための基盤を獲得した。外国で企業を設立するという意味での国際化は、ゴレニエがまだ社会主義企業であった時代に始まった。早くも一九六五年に最初の子会社をフランスに設立した。一九七一年には西独で子会社を設立した。ヤクリッチとスヴェトリチッチは、その動機は社会主義的な起源やそこから来る貧弱なイメージを隠すためであり、さらに、企業は欠陥のある社会主義経済システムを避けようとして外国直接投資を行ったのだと述べている（この点について詳しくは、拙著『EUの危機と再生――中東欧小国の視点』の六九－七一頁を参照されたい）。

輸出はゴレニエ発展の原動力となった。外国での子会社の役割は基本的にゴレニエの製品の販売を促進し、顧客にサービスを提供することであるが、一九七七年にはオーストリアで家具生産を始め、チェコでは台所用家具の生産を行っている。ゴレニエ・グループの輸出は総売上高の六〇パーセント近くにまで高まった。それでもまだ、総売上高の四〇パーセント強は、スロヴェニアを含むユーゴ国内で販売されたということになる。ゴレニエは一九七八年には従業員二万二千人を抱えるユーゴの主要な家庭電化製品メーカーへと成長した。また、注目すべきことは、一九八六年以来ウィーンに設立した子会社が外国にある大部分の子会社の活動を統括する役割を担っていることである。

ゴレニエは二度の大きな危機を経験した。まず、前述のように、ユーゴでは一九八〇年にインフレと経済の停滞が続き、八〇年後半には深刻な経済危機に至った。次におきたのは共和国間の対立、ユーゴ連邦の分解である。一九八九年には共和国間の対立が深まり、一時的ではあるが、とくにセルビアによるスロヴェニア製品のボイコットを受けた。一九九一年六月にスロヴェニアは独立するわけだが、他の共和国で活動していたスロヴェニア企業の支店や工場は接収された。こうして全ユーゴにネットワークを持っていたゴレニエ・グループは事実上消滅した。生き残りを賭けてゴレニエの挑戦が始まった。スロヴェニアが独立を宣言した一九九一年六月にはゴレニエの従業員は約九千人へと減少していた。それでも、ゴレニエが倒産しなかったのは次の二つの理由によるという。第一に、ゴレニエはコンセンサス重視の企業文化を持っており、これによりよいときも困難なときも従業員はゴレニエへの強い帰属意識を保ち、結束したこと、第二に、経営陣が徹底した国際化を追求し、成功したことである。

ゴレニエがとった戦略は、「すべては家庭のために」をモットーに家庭電化製品の開発・製造・品質向上にたえず努力することであった。ゴレニエの目立った特徴は、この会社が危機から立ち直り、よりいっそう強くなって登場したことであり、危機に際して防衛的ではなく、攻勢的に対応し、たんにコスト削減に努力を集中するだけではなく、競争優位（製品の魅力や品質、企業の技術力や組織力などの点でライバル企業に対して持つ優位性）を作り出し、高めたことである。二度にわたる危機は、環境にやさしく、顧客によって評価された高品質の製品のおかげで克服することができた。危機のときに他の多くの企業がR＆Dの規模を縮小したのに対して、ゴレニエは逆にR＆Dを強化した。社内独自に、そしてスロヴェニア国内と外国の研究所や大学と協力して、R&Dの努力をたえず強めてきたのである。それにより、この会社は労働集約的なメーカーからイノベーションに基づく企業へと徐々に成長した。その結果、ゴレニエのブランド価値は大いに高まった。

家庭電化製品の分野は成熟産業であり、たんに低価格だけでは消費者の支持を得ることはできない。製品の品質が非常に重要である。ゴレニエでは高品質志向はかなり早く始まっていた。一九七四年に品質コントロール・システムが導入された。日本にJIS（日本工業規格）があるように、国際的には製品の品質、性能、安全性、寸法等についてのISO（国際標準化機構）と呼ばれる規格がある。企業が世界的に製品を販売するためにはISOの認証を受けておくと絶対に有利である。ゴレニエは一九九五年に品質マネジメントISO9001を取得した。「ユーザーに優しい」戦略もうまくいった。一九九七年には、ゴレニエの洗濯機「簡単・論理的」（商品名）はヨーロッパで最もユーザーに優しい洗濯機と認められた。一九九六年に経営陣は、環境リスクを最小化し企業のイメージを高めるために、二〇〇〇年までに少なくとも親会社レベルでは環境マネジメント・システムISO14001に適合させると決定した。会社はそれに向けて努力し、二〇〇〇年にISO1

4001の認証を受けた。これは広範囲の訓練（語学、コンピューターの運用能力、マーケティング、経営）によって可能になったものである。全従業員の四分の三近くがさまざまな訓練を受けた。ゴレニエは従業員の訓練のために、スロヴェニアの平均的な会社の十倍以上も資金をかけている。ポスト社会主義諸国の大部分の会社は、低賃金を利用した企業というイメージからほとんど抜け出せないでいる。それに対して、ゴレニエは、長期にわたる国際化プロセスを通じて、低賃金を利用した企業というイメージをうまく払拭することができた。二〇〇〇年には自動車のボディーのデザインで有名なイタリアのデザイン・スタジオ「ピニンファリナ」と合弁事業を始めた。二〇〇〇年代初め、この会社が販売する製品の七〇パーセントはゴレニエの商標の下で販売された。ブランド名を宣伝するために、総売上高の約二パーセントを割いている。会社はゴレニエのブランドを「簡単・論理的」や「ピニンファリナのデザイン」という企業イメージに結びつけている。

一九九九年後半には西バルカンの政治的状況は安定し、スロヴェニアは旧ユーゴを構成した国々と次々に国交を回復した。それとともに、スロヴェニアの多くの企業はよく知る旧ユーゴ市場に再び参入した。一九九七年にゴレニエは株式会社になった。二〇〇二年の時点で、ゴレニエは十八ヵ国に二九の子会社、および六つの代理店を持ち、外国に六百人を超える従業員を抱えていた。この会社にとって国内市場は総生産高の約五パーセントにすぎない。二〇一二年の総売上高は十二億六千万ユーロで、家庭電化製品の分野ではヨーロッパでは八番目に大きい企業で、市場シェアは四パーセントである。「企業の所在する大陸でトップのシェアを持つ」というサイモンの定義に外れるので、「隠れたチャンピオン」企業には該当しないが、二〇一二年の時点で、グループ全体で一万七百人が働いており、ゴレニエはスロヴェニアを代表する企業である（企業ランキングでは第八位）。

コレクトール・多国籍企業への道

コレクトール（Kolektor）は、「隠れたチャンピオン」企業の一つである。スロヴェニア企業の輸出額ランキングを見ると、コレクトール社は二〇〇〇年には一九位であったが、二〇一四年には七位になった。人口わずか一万人のイドリア市にある本社が国際的に展開する多国籍企業の司令塔であり、研究開発部門の中心であるというのはたいへん興味深い。

コレクトールの本社と主力工場は、スロヴェニアの首都リュブリアナから西へ六〇キロ離れたイドリア渓谷にある。コレクトールはもとはモーターの部品の整流子（モーターを回転させる際に半回転ごとに電流の向きを反対にするための部品）を生産する中堅企業である。規模は小さいが、スロヴェニアでは最も良好な業績をあげている企業である。イドリア渓谷は水銀生産で栄えた所である。二十世紀後半、世界的に水銀の消費量が減り、価格が下落し、水銀の採掘と精錬はしだいに採算が合わなくなってきた。一九六〇年代前半、鉱山が閉鎖されつつあり、イドリアでは失業者が約四〇〇人、さらに潜在的な失業者もいた。この町に雇用を提供しようとして、スロヴェニア政府は、水銀の採掘と精錬に代わる新たな事業を起こすことを考えた。当時、スロヴェニアにはイスクラという総合電機器具メーカーが存在した。イスクラは整流子を含む重要度の低い小規模の生産を中止し、イドリア市が整流子生産を受け入れた。最初四七人の労働者で一九六三年五月にフル操業するようになった。この小さな企業が「コレクトール」である。

イスクラから受け継いだ技術が古かったので、コレクトールは進んだ技術を導入するために外国の企業と提携する必要があった。一九六七年の外国投資法に基づき、同社は一九六八年に当時ヨーロッパ市場のリーダーであった西独の会社カウト・ウント・ブックス

（以下、K&B）と提携した。当初、K&Bは五〇パーセントを超える出資比率を希望していたが、ユーゴの法律によって許容された上限の四九パーセントを受け入れざるを得なかった。

ドイツのK&Bはよい教師の役割を果たした。それは技術移転だけでない。とくに一九七〇年半ばにコレクトール社で製品の品質低下が生じて現地で適切な対応でなされなかったときに、K&Bの責任者が生産現場に出向き、品質は世界的に有名な企業である自分たちの顧客から要求されているものだと強調し、市場経済が何たるかをスロヴェニア人に教え、直接責任制を確立した。

コレクトール社はK&Bから進んだ技術や経営手法を積極的に吸収しただけではなく、R&Dに大いに投資し、K&Bから熱心に技術を吸収し、改良した。中間財分野の独自技術の開発について、スヴェトリチッチ（リュブリアナ大学名誉教授、国際ビジネス論）は次のように説明している。コレクトールはK&Bのブランド名で、K&Bのチャンネルを通じて輸出していたが、顧客は誰がその整流子を生産したかを知っていた。部品の売買は企業相互間の取引であり、コレクトールは既知の顧客のために製品を生産しているわけで、未知の顧客のために生産される最終製品とは違い、ブランド名確立のために莫大な投資（たとえば宣伝等）をする必要がなかった。潜在的な買い手は、生産が始まる前に自分たちの特殊な必要に合わせてどのような製品を生産してもらうか、そのために用いる工具をどう修正するかをコレクトールとすり合わせる必要があった。それがコレクトールのR＆D活動を促した。コレクトールは技術と必要な工具の独自開発を始め、一九八〇年にはユーゴで八五パーセントの市場シェアをもつ整流子の最大の生産者となった。一九八〇年代初め、コレクトールはK＆Bを通じて自社の製品の三分の一を外国で売っていた。自社独自に輸出することが許された東欧市場への輸出も拡大しつつあった。

コレクトールは一九七八年には整流子に関連する銅製品のための技術を獲得し、一九八〇年代にいくつかの特許を取得した。この工場は単に知識を吸収し利用していた会社から、イノベーター、自分自身の知識を生み出す会社へと変貌し、K＆Bと対等なパートナーになった。特許のおかげで、コレクトールの製品のなかには、技術的な意味でK＆Bを超えるものさえ見られるようになった。二十年間に両者の間の関係は逆転した。

一九八九年にユーゴの自主管理社会主義が事実上破綻すると、コレクトールは自主管理企業から、明確に定められた所有権をもつ民間企業へと転換しなければならなかった。一九九〇年に同社は有限会社になった。外国のパートナーとの所有関係も見直され、K&Bとコレクトールとの共同出資は株式に基づく関係に変更された。外国のパートナーの出資分は株式に転換された。K&Bは、この変更を歓迎した。一九八〇年代末以来、K&Bは経営困難に陥っていたので、銀行に対する立場をよくするためにコレクトールを自分自身の連結財務諸表に組み入れることを望んだ。そのためにはコレクトールの株式の五〇パーセントを超える株式を保有しならなければならなかった。一九九〇年にコレクトールはK&Bが過半数の株所有者になることに同意したのだが、それはパートナーに対する信頼と市場での利益への期待があったからである。だが、こうした措置もK&Bを救うことができなかった。

一九九三年夏、K&Bは破産手続きを申請し、コレクトールは同社との協定から離脱した。K&Bの経営不安が伝わるなかで、ヨーロッパの主要な顧客は整流子の供給が止まるのを恐れていた。まさにこのとき、コレクトールの経営陣はこれらの顧客と直接契約を交わすことに成功した。信頼できる製品を安定供給することにより、同社はついに要求が最も厳しい複数の大口顧客からの信頼を勝ち取った。こうした努力が実り、同社は自社独自の販売ネットワークを確立し、独自ブランドで活動するようになったのである。こうしてコレクトールは、ヨーロッパで第一位、世界第二位の整流子生産者になった。

かつてのパートナーK&Bは一九九四年にアメリカ企業カークウッド社の傘下に入った。コレクトールは二〇〇〇年にK&Bの工場をカークウッドから買い取り、本国のほかに、ドイツ、アメリカおよび韓国でも生産をする多国籍企業になった。二〇〇二年にはK&Bが所有していた株式をカークウッドから買い戻し、完全独立を果たした。数ヵ月後には、コレクトール社はK&Bの株式の五一パーセントを買収することを提案した。カークウッド社はこの申し出を最終的に受け入れ、株式売却に同意した。こうして、コレクトールはK&Bを買収し、ヨーロッパ市場を完全に支配するに至った。社史『コレクトール――五十年（一九六三―二〇一三年）』は「生徒が教師を追い抜いた！　設立後四十年で、コレクトールは独立した会社になった」と誇らしげに記述している。コレクトールは外国にいくつもの生産拠点と支店を持つに至った。

コレクトールは経営の多角化をはかり、関連する分野にも進出し、いまでは自動車技術、建築技術および工業技術の三つの分野で活動している。イドリアでは約七百人が働くが、二〇一一年にはコレクトール・グループ全体では三〇七六人が働き、取引高は四億五〇〇〇万ユーロであった。コレクトールは、小さな国内企業から出発し、次に外資系企業になり、そして独立し、世界的に事業を展開する多国籍企業になったという稀有な事例である。

コレクトールの成功の要因としては次のような点が挙げられる。

①集権的な計画経済とは異なり、旧ユーゴは半ば市場経済の国であり、それゆえ、共和国政府からの指示や介入はほとんどなかった。共和国政府に代わってイドリア市当局が行動し、イスクラの生産の一部を自治体で受け入れることを決め、工場の用地・建物を提供し、その後も保護者的役割を果たした。それゆえ、企業家が腕を振るう余地が大きかったとも言える。コレクトールの経営者たちは一九六〇年代半ば以来、市場経済におけるビジネスや西側企業とのつきあい方を学び、経験をつんでしたたかな経営者へと成長した。

②自社の経営資源を海外のニッチ市場に集中させたこと。コレクトール社は長年整流子の生産と開発に関わってきており、それが取引先へ信頼を与えた。その証が特許の取得で

ある。一国の市場は小さくても、複数国にまたがる市場は決して小さくない場合が多い。まさにハーマン・サイモンが提唱する「隠れたチャンピオン」企業と言える。

③地理的特性を活かしたこと。コレクトール社が立地するイドリアの工業化はすべて水銀鉱山から始まった。マルコ・ヤクリッチらによると、他の「渓谷」とは異なるのは次の点である。第一に、イドリアの主要ビジネス（水銀の生産と販売）は十六世紀以来つねに国際市場で競争してきた。というのも、水銀の価格は国際市場で決まり、イドリア鉱山はそれに適応しなければならなかったからであった。第二に、数世紀もの間、イドリアの人々は農民というよりもむしろ工業労働者であった。切り立った絶壁をもつ渓谷と寒い気候は農業に向かなかったので、住民は農業ではなく工業で生計を立てていた。第三に、人々の間で工学的知識がかなり蓄積され、一七七八年には鉱夫たちや技師たちを訓練するための技術・測地学校が開設された。教育と産業との間の強い結びつきは、イドリアにある今日の二つの多国籍企業（コレクトールと自動車やエアコンなどの部品のメーカーであるヒドリア）にも受け継がれているという。実証するのは困難であるが、イドリアの技術的・文化的な伝統がコレクトール社の発展に肯定的に作用しているかもしれない。

以上、ゴレニエとコレクトールの二社の歩みを見てきたが、特筆すべきことは、一九九〇年代に他のポスト社会主義諸国が市場経済移行で悪戦苦闘し、企業の業績も低迷したときに、二つの会社（それだけでなく、ほかの多くのスロヴェニア企業も）が企業の業績を大幅に改善したことである。一九六〇年代以降、スロヴェニアを含むユーゴスラヴィアの共和国は市場経済を経験しており、とくに一九六五年の改革以来、世界経済に対して開かれた国であった。多くの企業は直接に国際的な経済取引をする経験を積んでいたので、一九九〇年代の危機をいっそうの国際化を展開することにより切り抜けることができた。ユーゴからの分離独立によりかつての国内市場を失ったことは大きな痛手であったが、連邦軍との戦闘は短期間で終わったので、他の共和国のように長引く民族紛争により大きな経済的損失を被ることもなかったのである。

5　ＥＵ加盟

ＥＵ加盟に先立ち、スロヴェニアは二〇〇四年三月にＮＡＴＯ（北大西洋条約機構）に加盟し、安全保障上の不安は解消された。駐スロヴェニア日本大使館のウェブサイトによると、二〇一五年の時点でこの国の兵力は七〇四九人（陸・海軍のみ）であり、国防費は三億六六〇〇万ユーロ（ＧＤＰの一パーセント弱）であった。二〇一六年六月に駐日スロヴェニア大使館のプンガルトニク公使に会って尋ねたところ、これには退役軍人の年金が含まれておらず、それを含めた広義の国防費は一・五ないし一・六パーセントになるとのことであった。

二〇〇四年五月には中東欧七ヵ国と一緒にＥＵに加盟した。ＥＵ加盟により、スロヴェニアの輸出企業はさらに大きな市場を獲得できるようになった。ＥＵは比較的貧しい加盟国に対して構造基金や結束基金を通じて援助している。とくに結束基金は、一人当たりのＧＮＩ（国民総所得）がＥＵ平均の九〇パーセントに満たない国に運輸ネットワーク建設資金を拠出するものであるが、スロヴェニアはこの支援を得て、インフラ整備を進めることができた。教育面では、「ソクラテス」プログラムや「エラスムス」プログラムのようなEUが費用負担する高等教育や職業教育の全ヨーロッパ的なプログラムに新規EU加盟国の若者が参加できるようになった。スロヴェニアは小国でありながら、政治的にもEUレベルの意思決定に参加できるようになった。欧州議会に議席を持つほか、EUの政府に相当する欧州委員会に委員（大臣に相当）を一名送り込むことができるようになった。EU加盟に先立ち、リュブリアナ大学准教授（当時）のヤネズ・ポトーチニクが政府のEU加盟の準備チーム、そして加盟交渉団の責任者を務め、二〇〇四年にスロヴェニアがEUに加盟すると、欧州委員会の委員に就任した。彼は一期目にEUの科学・技術政策を担当し、二期目はEUの環境政策を担当した。人口二百万人の小国スロヴェニアの代表が人口五億人のEUの政策の決定と執行に責任を負うようになったのは画期的なことだといえる。スロヴェニアはユーロ導入のための条件であるマーストリヒト収斂基準を満たし、新規EU加盟国の中では最も早く二〇〇七年一月にユーロを導入し、二〇〇八年一月初めから六月末まで半年間、EUの議長国の役割も無事務めた。その意味では、この国は中東欧のポスト社会主義諸国の中の優等生であった。ここまではサクセス・ストーリーである。しかし、この国はグローバル金融危機と続くユーロ圏の危機で足をすくわれた。

EUの単一通貨ユーロの誕生（一九九九年）と流通開始（二〇〇二年）を契機に、銀行間の競争が激化すると、西欧・北欧の大銀行グループは中東欧の銀行を買収し、中東欧の新興市場を含めて全ヨーロッパ規模でのクロスボーダーの資本移動が起こった。ユーロ圏に限らず、二〇〇四年にEUに加盟した新規加盟国でも金利が低下した。当時、金融分野では欧州レベルでの新たな監督当局は創設されず、銀行の母国が監督するという原則が確認されただけで、大銀行の活動はまったく野放しであった。ヨージェ・メンツィンガー教授のように、単一通貨を採用することにより金融政策の独立性が失われるとして懐疑的な人もいたが、多くの人々は、EU加盟で有頂天になり、ユーロ導入に対して前向きであった。二〇〇四年十月の総選挙に勝利し、政権を獲得したヤンシャの率いる中道右派連立政権は新自由主義（市場万能主義）的な路線へと舵を切った。二〇〇四年にEU加盟したことにより市場でのこの国の信頼性が高まり、ユーロ導入（二〇〇七年一月）以前に金利は劇的に低下した。国内の銀行は国際金融市場（たとえば、ロンドンのシティー）で低い金利で資金を借入し、企業に多額のローンを提供した。中央銀行はまったく無警戒であった。一九九七年のアジア金融危機の教訓はここではまったく生かされなかった。外国資金の大量流入は当時のEUの不完全な金融監督体制も相まって、バブルを生み出し、そしてリーマン・ショックでバブルがはじけ、銀行システムは大きな打撃を受けた。同年十二月十八日に欧州委員会の承認を得て、新リュブリアナ銀行など三行の不良債権の「バッド・バンク」（不良債権を専門的に処理する特別の機関）への移管および政府による資本注入が実施された。その結果、一時的だとはいえ、二〇一三年度の一般政府財政赤字はGDPの一四・七パーセントにのぼった（なお、二〇一四年第一四半期の財政赤字は五・五パーセントである）。こうして、スロヴェニアは国際的支援を受けることなく、それゆえ、ギリシャのような屈辱的な地位に置かれることなく、自力で解決する道を歩むことになったが、その前途は容易ではない。

ユーロ導入の評価は微妙である。二〇〇〇年代半ばのバブルとその後の破裂による後遺症でこの国は苦しんでいる。この国のユーロ導入は時期尚早であったと言う論者もいる。小国としてのスロヴェニアの強み、つまり、社会的凝集力の強さや変化しつつある外的環境に迅速に適応する能力のおかげで、これまで多くの困難を乗り切ってきた。しかし、この「変化しつつある外的環境に迅速に適応する能力」は、二〇〇八年のグローバル金融危機の勃発に際しては十分に発揮されなかったようである。それは、スロヴェニアの政治や経済の分野のエリートが二〇〇〇年代に入ってからのクロスボーダーの資本の激しい動きやスロヴェニア経済の過熱などの危険な兆候に気づくのに遅れたためであった。こうして、スロヴェニアは巨額の対外債務と政府債務（納税者が負担することになる）を抱えるに至った。救いは、家計の貯蓄がそれほど毀損されなかったことであろう。今後しばらく債務の縮小に取り組むことになるが、勤勉なスロヴェニア国民はその負担に耐えるだろう。また、人口の流出よりも流入の方が多く、あれほどの危機を経験したにもかかわらず、人口はわずかながらも増加している。

スロヴェニアの経験は、小国生き残りのためには、近隣の国々と平和的な関係を構築し、維持するだけでなく、経済的にも自分の長所を絶えず磨き、経済的な自立性を確保すること、そしてマネー・ゲームに走ることなく、もの作りに努力することが大切だということを教えている。

6　日本との関係

最後に日本との関係に触れて、本書を終えることにする。両国は相互に大使を派遣している。東京にある駐日スロヴェニア大使館（韓国も兼轄する）に大使と公使がいる。治安がよく、生活水準も比較的高く、もの作り能力の高い国であるので、近年日本企業がこの国にかなり進出している。駐スロヴェニア日本大使館の情報によると、製造業を中心として二〇社を超える企業が駐在員を派遣している。日本企業から見ると、スロヴェニアはポーランドと並んで中東欧の拠点となりつつある。人口二百万の小国で市場としての魅力はそれほどないが、EU加盟国で、しかもユーロ圏に入っていることから商取引での決済の面で便利であること、この国の人々はセルビア＝クロアチア語も流暢に話すので旧ユーゴ圏の残りの地域とのビジネスにおいて彼らとの協力は有益だという理由による。スロヴェニア政府も経済外交において「優先市場」、「伝統的市場」（EU諸国、西バルカン諸国、ロシア、スイス）および「潜在的市場」（中国、湾岸諸国、中央アジア、インド）の三カテゴリーに分けており、日本をアメリカやトルコと共に「優先市場」に位置づけている。今後両国間の経済関係はさらに深まると予想される。

自治体レベルでの交流について言えば、スロヴェニ・グラデッツ市（人口七千六百人）が新潟県の妙高市（人口三万三千人）と二〇〇一年以来、姉妹都市関係にあり、毎年双方から六人から十人の高校生が相手の都市を短期間訪問して、ホームステイをして相互理解を深めている。そのほか、妙高市ではときどき「スロヴェニア・フェスティバル」やスロヴェニ・グラデッツ市の写真家の写真展を開催している。以前はスロヴェニアを訪問する日本人観光客は少なかったが、近年増えつつある。クロアチアほど有名ではないが、この国は観光的魅力に富む国である。本書がきっかけとなって、スロヴェニアを訪問し、実際にその魅力に触れる人が増えれば、著者として非常にうれしい。

【資料】スロヴェニアを代表する政治家

エドヴァルド・カルデリ（一九一〇―一九七九）　解放戦争においてスロヴェニアのパルチザンを率いた。戦後はユーゴ共産主義者同盟（ＳＫＪ）で理論家として活躍。自主管理制度はたびたび変更を加えられたが、そのつどその制度設計に携わった。カルデリの主張はいつも抽象的で、現実離れしているとの評価もある。一九七〇年代にはチトーに次ぐナンバー・ツーの指導者で、高齢のチトーの後継者と見られていたが、一九七九年二月に死亡した。当時私（小山）はベオグラードに留学中であったが、アパートでテレビを見ていたら、シリア訪問中のチトー大統領が突然ダマスカス放送のテレビ・スタジオに現れ、そこからユーゴ国民に向けて「同志カルデリが亡くなった」と伝えた。そのチトーは、母親がスロヴェニア人であるが、父親がクロアチア人であるので、クロアチア人と見なされている。

スタネ・カフチッチ（一九一九―一九八七）　一九六〇年代、スロヴェニア共和国で共産主義者同盟書記や首相を務め、先端産業の育成に取り組んだ。一九六九年には「道路問題」で連邦政府と対立し、一九七二年に「自由主義的傾向」を理由にチトーの批判を受け、失脚した。

ヤネズ・ドルノフシェク（一九五〇－二〇〇八）チトー死後、大統領（連邦幹部会議長）は各共和国から出る幹部会員が一年ごとのローテーションで勤めることになっており、一九八九年五月からはスロヴェニアの番であった。同年四月、連邦幹部会のスロヴェニア代表を決める初めての民主的な自由選挙が実施され、改革を求める弱冠三八歳のドルノフシェクが出馬し、ベテランの政治家を押しのけて当選した。彼は同年五月から連邦幹部会議長を一年間勤めた。スロヴェニアの独立後、自由民主党（共産主義同盟の青年組織が独立して中道左派政党になる）の指導者になり、一九九二年五月から二〇〇〇年五月まで、そして二〇〇〇年十一月から二〇〇二年十二月までに中道左派連立政権の首相を務め、そのあと二〇〇七年十二月まで大統領を勤めた。九〇年代の政治の安定化および経済の安定化と着実な発展への貢献は大きい。

ミラン・クーチャン（一九四一－）一九八六年、スロヴェニア共産主義者同盟議長に就任。一九九〇年四月の複数政党制下での最初の自由選挙で共和国大統領に選出され、独立後一九九二年から二〇〇二年まで大統領を二期務めた。体制転換と独立という困難な時期に巧みに国政の舵取りをした。

ヤネズ・ヤンシャ（一九五八－）　一九八八年の軍事機密漏洩事件の被告から九一年には一転して国防相になり、独立時の軍事作戦を指揮し、スロヴェニア独立の立役者となった。二〇〇四－二〇〇八年と二〇一二－一三年には首相を務めた。共産主義者であったという経歴を持つにもかかわらず、クーチャンやドルノフシェクなどかつての共産主義者に対する対抗意識が非常に強い。二〇〇四年秋に首相に就任すると新自由主義路線に舵を切り、バブル経済を招いた。外国からの装甲車輸入に際しての収賄容疑で二〇一三年二月に議会によって不信任を突きつけられ、同年三月に首相を辞任し、その後逮捕され、裁判で有罪宣告を受けて収監された。それでも、国民の間では根強い人気がある。

ミロ・ツェラール（一九六三－）リュブリアナ大学法学部教授だったが二〇一四年七月の選挙の直前に新党「ミロ・ツェラール党」（その後「現代中央党」に改称）を立ち上げ、出馬し、選挙で第一党になった結果、首相に就任した。この結果はグローバル金融危機後の長引く政治危機の中で既成政党への国民の不信が強まったことを反映したものだった。なお、彼の父ミロスラフ・ツェラールは一九六四年の東京オリンピックに参加し、体操（平行棒と跳馬）で二つの金メダルを受賞した有名人である。

参考文献

Bebler, Anton (1998), "Slovenia and South-Eastern Europe", *Sudost Europa*, H. 3-4, 47, Jahrgang.

Benderly, Jill and Evan Kraft (eds.) (1994), *Independent Slovenia: Origins, Movements, Prospects, Basingstoke and London*: MacMillan.

Fink-Hafner, Danica (1991), "Pluralization as Factor and as Result of Political Modernization in Slovenia in the 1980's and Beginning of 1990's", mimeo (Typescript).

Fink-Hafner, Danica and John R. Robbins (1997), *Making a New Nation: The Formation of Slovenia*, Aldershot (UK): Dartmouth Publishing Company, Ltd.

Gow, James and Cathie Carmichael (2000), *Slovenia and the Slovenes: A Small State and the New Europe*, London: Hurst & Company. Revised and updated in 2010.

Jaklic, Andreja and Marjan Svetlicic (2003), *Enhanced Transition through Outward Internationalization: Outward FDI by Slovenian Firms*, Aldershot (UK): Ashgate.

Jaklic, Marko, Hugo Zagorsek and Aljaz Hribernik (2009), "Slovenian Evolutionary Business System Dynamics", in P. H. Kristensen and K. Lilja (eds.) (2009), *New Modes of Globalizing: Experimentalist*

Forms of Economic Organization and Enabling Welfare Institutions: Lessons from the Nordic Countries and Slovenia, Helsinki: Helsinki School of Economics, pp. 239-295.

Lazarevic, Zarko (1994), "Economic History of Twentieth-Century Slovenia", Benderly, Jill and Evan Kraft (eds.) (1994).

Mencinger, Joze (2016), "From Dinar to Tolar and Tolar to Euro: The Slovenian Experience", in Koyama, Yoji (ed.) (2016), *The Eurozone Enlargement: Prospect of New EU Member States for Euro Adoption*. NY: Nova Science.

Rusinow, Denison (1977), *The Yugoslav Experiment 1948-1974*, Berkeley & Los Angeles: University of California.

Simon, Hermann (2012), *Hidden Champions Aufbruch nach Globalia: Die Erfolgsstrategien Unbekannter Weltmarketfuerer*, Frankfurt am Main: Campus Verlag GmbH.

Singleton, Fred (1976), *Twentieth-Century Yugoslavia*, London and Basingstoke: MacMillan.

阿部望『ユーゴ経済の危機と崩壊』日本評論社、一九九三年。

ボーレ、ドロテー／グレシュコヴィッチ、ベーラ『欧州周辺資本主義の多様性——東欧革命後の軌跡』堀林巧・田中宏・林裕明・柳原剛司・高田公訳、ナカニシヤ出版、二〇一七年。

岩田昌征『ユーゴスラヴィア多民族戦争の情報像――学者の冒険』御茶の水書房、一九九九年。

小山洋司『ユーゴ自主管理社会主義の研究――一九七四年憲法体制の動態』多賀出版、一九九六年。

小山洋司『EUの東方拡大と南東欧――市場経済化と小国の生き残り戦略』ミネルヴァ書房、二〇〇四年。

小山洋司「スロヴェニアの国際競争力と小国の発展戦略」『商経論叢』神奈川大学経済学会、四二―三号、二〇〇六年。

小山洋司「スロヴェニアのサクセス・ストーリーとその落し穴」『ロシア・東欧学会年報』第四二号、二〇一四年。

小山洋司「スロヴェニア社会の変化――一九世紀から二一世紀初めにかけて」『国際地域研究論集』第八号、二〇一七年。

小山洋司「国際的に事業展開するスロヴェニアの企業コレクトールの歩み」『ロシア・ユーラシアの経済と社会』一〇一五号、二〇一七年。

小山洋司『EUの危機と再生――中東欧小国の視点』文眞堂、二〇一七年。

カステラン、ジョルジュ／ベルナール、アントニア『スロヴェニア』千田善訳、クセジュ文庫、二〇〇〇年。

サイモン、ハーマン『グローバルビジネスの隠れたチャンピオン企業――あの中堅企業はなぜ成功しているのか』上田隆穂監訳・渡部典子訳、中央経済社、二〇一二年。

シュタットミュラー、ゲオルク『ハプスブルク帝国史――中世から一九一八年まで』矢田俊隆解題・丹後杏一訳、刀水書房、一九八九年。

柴宜弘編『バルカン史』山川出版社、一九九八年。

田辺裕総監修『ヨーロッパ』、世界地理大百科事典第六巻、朝倉書店、二〇〇〇年。

小山洋司（こやま ようじ）
1943年、新潟県生まれ。新潟大学名誉教授、博士（経済学）。東京大学教養学部教養学科国際関係論コース卒業、東京大学大学院社会学研究科博士課程単位取得満期退学。高知大学人文学部講師、助教授、新潟大学助教授、教授を歴任。主な著書に *The EU's Eastward Enlargement: Central and Eastern Europe's Strategies for Development* (World Scientific, Singapore)、『南東欧経済図説』（東洋書店）、『東欧経済』（編著、世界思想社）、『東欧の経済とビジネス』（共著、創成社）など。